Bärbel Folten

Kreative Verkaufsförderung leicht gemacht

Bärbel Folten

Kreative Verkaufsförderung

leicht gemacht

Mit starken Ideen besser verkaufen

REDLINE WIRTSCHAFT

Bibliografische Information der Deutschen Nationalbibliothek

Die Deutsche Nationalbibliothek verzeichnet diese Publikation in der Deutschen Nationalbibliografie.
Detaillierte bibliografische Daten sind im Internet über http://dnb.d-nb.de abrufbar.

ISBN: 978-3-636-01409-2

Unsere Web-Adresse:
www.redline-wirtschaft.de

Umschlaggestaltung: SCHRÖDER DESIGN, Leipzig
Coverabbildung: © Matty Symons - Fotolia
Satz: M. Zech, Redline GmbH
Druck: Himmer, Augsburg
Printed in Germany

Inhaltsverzeichnis

Einleitung

Kreative Verkaufsförderung leicht gemacht – das Buch für Texter ...

... Konzeptioner und alle, die mit der Entwicklung kreativer Verkaufsförderung zu tun haben. Ob Einzelkämpfer in der Ich-AG, Gewerbetreibender oder Mitarbeiter von Werbe- und Marketingabteilungen in größeren Unternehmen, dieses Buch soll ihnen allen helfen, Verkaufsförderung zu verstehen und selber Aktionen zu konzipieren und mit Worten zu versehen. Sollten Ihnen diese mal ausgehen, so empfehle ich Ihnen mein Buch *Professionelles Texten leicht gemacht*, in dem es – wie der Titel schon sagt – um das Texten an sich geht.

Verkaufsförderung – das ungeliebte Stiefkind der Werbung

Die Texter in den Werbeagenturen, sie alle wollen glänzen mit spannenden TV-Spots, lustigen Funkspots und vierfarbigen Anzeigen in den angesagten Magazinen. Aber bei Teilnahmekarte, Regalstopper und Salesfolder hört die Freude am Texten auf. Das möge doch bitte der Juniortexter machen oder noch besser der freie Mitarbeiter. Ich hatte das Glück, als Studentin an der Universität der Künste Berlin, die zu meiner Zeit noch Hochschule der Künste hieß, im Fachbereich Werbung einen Dozenten zu haben, der mich die Verkaufsförderung lieben und schätzen lehrte. Prof. Klaus J. Kahler kam damals frisch aus der Frankfurter Agenturszene und verkündete uns unbedarften Studenten mit lautstarkem Organ die Freuden der Verkaufsförderung. Mit diesem Wissen eroberte ich mir als Juniortexterin bei FCB-Frankfurt gewisse Freiheiten. Denn kaum hatten meine Vorgesetzten spitzbekommen, dass ich das nicht nur konnte, sondern auch noch gerne machte, durfte ich relativ selbstständig gemeinsam mit gestandenen Verkaufsförderungs-Art-Direktoren kreative Aktionen entwickeln und alles betexten, vom Salesfolder über die Palettenplatzierung bis zur Teilnahmekarte.

Dass FCB über eine eigene Verkaufsförderungsabteilung verfügte, war übrigens eine Ausnahme. Eine Handvoll Art-Direktoren machte all das, was die Kollegen aus den klassischen Kreativ-Gruppen nicht machen wollten, aber immer in Abstimmung mit diesen und den dort entwickelten klassischen Kampagnen. Allerdings fühlten auch sie sich als Art-Direktoren zweiter Klasse, und nichts wurde von den meist noch jungen Talenten sehnlicher gewünscht als eine Versetzung zur Klassik.
Als Juniortexterin und spätere Texterin machte ich mir keine Gedanken um dieses Zweiklassendenken. Ich durfte mich in beiden Bereichen austoben und konnte mit kreativen Vkf-Aktionen meine ersten Erfolge verzeichnen.
Als ich mich einige Jahre später selbstständig machte, nahm ich das Wort Verkaufsförderung mit auf meine Visitenkarte und profitierte wieder von der Unlust meiner Texter-Kollegen auf Agenturseite. Die ersten Aufträge waren mir sicher.

Below the line – unter der Linie

Wir Werber sprechen ja so gerne Englisch, und so werden gemeinhin alle Maßnahmen, die nicht klassische Werbung sind, als Maßnahmen below the line benannt. Nicht gerade aufwertend, sondern eher diskriminierend zeigt diese Bezeichnung, welchen Stellenwert Verkaufsförderung hat.
Der Inhaber einer sehr erfolgreichen Verkaufsförderungsagentur erzählte mir, dass er beinahe bei einem Akquisitionsgespräch vor die Türe gesetzt wurde, weil: „…ach, Sie machen nur below the line." In einer Agenturpräsentation verdeutlichte er dann eben diesem Kunden, wie er mit kreativer Verkaufsförderung bei vielen seiner Auftraggeber den Werbeetat geschont und gleichzeitig wesentlich höhere Verkaufszahlen erreicht hat.

Verkaufsförderung – so viel Spaß muss sein

Bei allem wirtschaftlichen Erfolg für das Unternehmen wird der Spaß für den Konzeptioner gerne unterschätzt. Sicher, einen Salesfolder zu schreiben gehört nicht gerade zu den kreativen Höhenflügen, ist aber für den geübten Texter nicht besonders arbeitsintensiv. Wenn es jedoch um Preisausschrei-

ben, Spiele im Internet oder einen Außendienstwettbewerb geht, sind der Kreativität keine Grenzen gesetzt. Hier darf man witzig sein, sich austoben und mehr spinnen als bei so mancher Vierfarbanzeige.
Mit diesem Buch möchte ich Ihnen nicht nur die Grundlagen der Verkaufsförderung und die Sprache der einzelnen Werbemaßnahmen für die unterschiedlichen Zielgruppen vermitteln, sondern Ihnen vor allem die Freude an der Konzeption von Verkaufsförderungsaktionen näher bringen.

Frisch aus der Verkaufsförderungspraxis

Ich hatte das Glück, auf viel Hilfsbereitschaft bei Agenturen und Herstellern zu stoßen. Ohne die interessanten Beispiele kreativer und durchdachter Verkaufsförderungsaktionen mit den dazugehörigen Werbemitteln wäre dieses Buch nicht entstanden. Alle hier gezeigten Arbeiten sind gute Beispiele, getreu meinem Motto, dass man nur von guten Texten und Konzepten lernen kann. Im Anschluss an die meisten Kapitel gibt es wie bereits in meinem ersten Buch Übungen, in denen Sie das Gelesene üben und praxisnah umsetzen können. Die Lösungen im Anhang können nur Vorschläge sein, denn auch die Verkaufsförderung ist keine Mathematik, bei der es nur eine richtige Lösung gibt. Bei den Aufgaben habe ich mal wieder viel Fantasie walten lassen und mir Produkte mitsamt ihren Namen ausgedacht. Ähnlichkeiten mit tatsächlichen Produkten und Herstellern wären rein zufällig und nicht beabsichtigt.

Texter, Texterin oder TexterIn – ich bitte um Nachsicht

Als Frau kann ich es mir erlauben, auch die Texterin als Texter zu bezeichnen. Die Schreibweise mit dem großen I in der Mitte des Wortes entspricht vielleicht dem Antidiskriminierungsgesetz, aber nicht meinen Vorstellungen von gutem Deutsch. Und wenn ich jedes Mal die männliche und weibliche Form nennen würde, wäre das Buch einfach zu lang. Ich schreibe Texter und meine auch die Texterin. Mögen die Kämpferinnen für die Gleichstellung der Frau – deren Anliegen ich übrigens sehr schätze – mir vergeben.
Und jetzt fördern Sie mal schön den Verkauf!

1. Vkf oder Promotion – Hauptsache, der Verkauf wird gefördert

Bücher über Verkaufsförderung gibt es viele. Sie alle betrachten Verkaufsförderung aber nur aus der Perspektive des Marketings. In diesem Buch geht es um das Entwickeln von kreativen Verkaufsförderungskonzepten und um die Sprache in der Verkaufsförderung. Aber weil ein theoretisches Fundament hilft, Sachverhalte zu erkennen, möchte ich doch kurz auf den Marketing-Background eingehen. Außerdem erspare ich Ihnen damit das Lesen dieser dicken und recht trocken geschriebenen Bücher. Schließlich soll Verkaufsförderung Spaß machen.

Sales Promotion, Verkaufsförderung – alles ist möglich

Ob englisch oder deutsch, gemeint ist immer dasselbe. Abgekürzt wird es zu SP oder Vkf, für manche gar nur zur VF. Als Anhängerin der deutschen Sprache bevorzuge ich Verkaufsförderung und Vkf. Trotzdem sage ich auch Promotion und meine eine Verkaufsförderungsaktion. Wie auch immer, es geht stets um dasselbe: der Verkauf wird gefördert.

Verkaufsförderung im Marketing-Mix

Gehen wir jetzt mal ganz theoretisch vor. Der Betriebswirtschaftler hat den Marketing-Mix erfunden. Genau genommen war es der Amerikaner Neil Borden, der in den dreißiger Jahren des letzten Jahrhunderts mit dem Marketing-Mix alle strategischen Ausrichtungen eines Unternehmens an den Bedürfnissen des Marktes aufzeigte. Oder einfacher ausgedrückt: Der Marketing-Mix nennt alle strategischen Maßnahmen, die nötig sind, um im Markt erfolgreich zu sein.
Stellen Sie sich den Marketing-Mix wie ein leckeres Mixgetränk vor. Die einzelnen Zutaten ergänzen sich und vereinen sich in ihrer perfekten Mischung zu einem vorzüglichen Genuss. Nicht anders ist es mit dem

Marketing-Mix. Seine Zutaten arbeiten vereint am unternehmerischen Erfolg im Markt.

Die Zutaten des Marketing-Mix:

Produkt – oder Dienstleistung, eben das, was das Unternehmen zu verkaufen hat.
Preis – „Geiz ist geil" oder lieber „Wirklich exklusiv ist nur das, was sich nicht jeder leisten kann" – wie auch immer, der Preis spielt eine große Rolle.
Distribution – Wie kommt das Produkt unter die Leute? In Geschäften, durch den Versandhandel ... Gibt es das Produkt in ganz Deutschland oder nur in einer Stadt?
Kommunikation – Hier kommen wir der Sache schon näher. Denn die Kommunikation bezeichnet alle Maßnahmen, die das Produkt bei den Verbrauchern bekannt machen und bewerben, seinen Verkauf fördern, eine Meinung zum Produkt bilden ... kurz:

- Werbung
- Verkaufsförderung
- Public Relations.

Gemeinhin sind diese drei Bestandteile der Kommunikation oder auch des Kommunikations-Mix miteinander verzahnt. Ihnen allen liegt eine Produktpositionierung zugrunde, während Aufgabenstellung und Marketingziel durchaus unterschiedlich sein können.
Dieser Ausflug in die graue Theorie erhebt keinen Anspruch auf Vollständigkeit. Natürlich sieht der Marketing-Mensch das alles wesentlich vielschichtiger. Aber in diesem Buch geht es nicht um die schnöde Theorie sondern um die kurzweilige Praxis. Denn Verkaufsförderung ist alles andere als langweilig. Verkaufsförderung ist spannend und macht Spaß.

Nicht des Texters Liebling, aber immer eine Herausforderung

Natürlich denkt der Texter – und auch die Texterin – lieber in großen Dimensionen. Eine Imagekampagne mit Doppelseiten im *Stern*, das hat was.

Aber so eine popelige Vkf-Aktion … ja, meine lieben Kreativen in den Werbeagenturen, das ist keine geringere Herausforderung an Ihre geschätzte Kreativität. Denn wie auch bei der Imagekampagne steht über allem die große Idee, die alles trägt und nach der sich alles richtet. Nur dass diese Idee sehr viel näher am Verkauf orientiert ist. Die kreative Herausforderung liegt in der Vielseitigkeit der Verkaufsförderung.

Erfolg ist messbar

Mit einer Werbekampagne sollen Einstellungen verändert oder ein Image geprägt werden. Das sind langfristige und nur durch Marktforschung messbare Faktoren. Bei der Verkaufsförderung sieht es da schon ganz anders aus. Die Verkaufsförderung soll den Absatz fördern. Und das sehen wir sofort an den Verkaufszahlen.

1. Reinverkauf in den Handel: Ordert er die Aktion mit der entsprechenden Warenmenge?
2. Abverkauf an Verbraucher: Nimmt er die Produkte mit nach Hause?
3. Gewinnspiel: Wie hoch ist der Rücklauf? Per Telefon, im Internet, als Postkarte?

Wenn die Zahlen stimmen, haben wir früher in den Agenturen ein Glas Sekt getrunken, heute geht man gleich an die nächste Aktion. Die Zeiten ändern sich, aber eines bleibt: Wer eine erfolgreiche Aktion macht, kann mit weiteren Aufträgen rechnen. Nur dass es früher noch mehr Spaß gemacht hat.

Was ist aber, wenn's nicht klappt, wenn der Rücklauf nicht stimmt, die Reinverkaufszahlen vielleicht okay sind, aber die Ware wie Blei auf der Palette liegen bleibt und die Teilnahmekarten in homöopathischen Dosen eintrudeln ? Dann gab es früher keinen Sekt, heute erst recht nicht, dafür einen Rüffel, vielleicht keinen weiteren Auftrag. Natürlich wird analysiert, woran es liegt. Und da müssen die Macher sich schon selbst an ihr kreatives Näschen fassen. Oder war es wieder mal der Kunde, der den Hauptgewinn von einer Weltreise auf eine Busfahrt runtergeschraubt hat? Ja, dann hat er es verbockt, denn wer will schon mit dem Bus in den Bayerischen Wald und dafür eine Teilnahmekarte ausfüllen?

Fazit: Der Erfolg einer Vkf-Aktion ist messbar. Schnell und ziemlich exakt und vor allem ohne Einsatz einer aufwendigen Marktforschung. Das ist lästig, aber es bringt uns weiter. Schließlich lernt der Lernfähige aus Fehlern.

Werbung und Verkaufsförderung – der Unterschied bestimmt das Zusammenspiel

Sie haben verschiedene Ausrichtungen, gehen völlig anders vor und passen deshalb so gut zusammen. Wie in einer guten Ehe, in der sich die Partner ergänzen: was er nicht kann, kann sie, er kocht und sie bringt den Müll runter oder umgekehrt, und das nennt man Harmonie.
Die Werbung kann etwas, was die Verkaufsförderung nicht kann und umgekehrt: Während die Werbung mittel- und langfristig Kaufverhalten und Einstellungen verändern soll, soll die Verkaufsförderung kurzfristig den Verkauf fördern. Nun ist das eine aber ohne das andere zwar möglich, aber besser funktioniert es, wenn beide miteinander verzahnt sind und an einem Strang ziehen. So können und sollten Elemente aus der Werbung in der Vkf auftauchen und umgekehrt.
Diese Elemente können sein:

- **Claim oder Slogan.** Ist er doch das Dach der Marke.
- **CI – Corporate Identity oder CD – Corporate Design.** Wenn beim Ketchup Rot als Farbe festgelegt ist, dann ist Rot in Werbung und Vkf eben die angesagte Hintergrundfarbe.
- **Tonality:** Der Sprachstil sollte in Werbung und Vkf gleich sein.
- **Werbefiguren.** Die berühmte lila Kuh wirbt für die zarteste Versuchung, seit es Schokolade gibt, in Anzeigen und TV-Spots und fördert den Abverkauf als lebensgroße Kuh (lila und ausgestopft) im Supermarkt.

Sehr schön sehen Sie es hier am Beispiel Bärenmarke. Wir kennen ihn alle, den Bärenmarke-Bären. Schließlich gibt es ihn in Deutschland schon seit 1912. Er tummelt sich im Werbefernsehen, auf Plakaten und in Anzeigen. Natürlich auch in der Vkf. Und der Jingle, den wir alle nachsingen können, weil er schon seit Jahrzehnten nahezu unverändert ist, erscheint auch in allen Werbemitteln: „Nichts geht über Bärenmarke – Bärenmarke Qualität". Früher hieß das noch „zum Kaffee", aber seit der Bär auch Milch, Sahne und

Butter verkauft, singt der Chor „Qualität". Das CI ist selbstverständlich auch durchgehend.

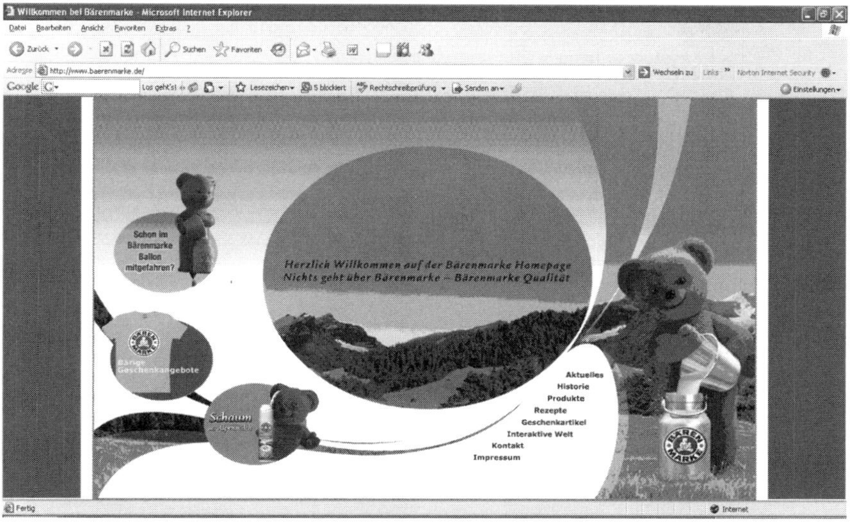

Abb. 1: Screenshot *www.baerenmarke.de* vom 22.9.06

Hier werden also zwei Elemente aus der Werbung, die beim Verbraucher Sympathie geschaffen haben, auch für die Verkaufsförderung genutzt, wo sie dann Kaufakte auslösen. Das durchgängige CI wiederum erhöht die Wiedererkennung. Sehr wichtig, denn was ich kenne, dem vertraue ich eher.

Vkf fördert den Verkauf – aber wie?

Zusatznutzen heißt das Zauberwort, mit dem in der Vkf der Verbraucher dazu gebracht werden soll, das Produkt oder die Dienstleistung zu kaufen. Während die Werbung also nur den eigentlichen Produktnutzen herausstellt, wird in der Vkf ein Zusatznutzen entwickelt. Eine kreative Herausforderung! Zusatznutzen gibt es viele, und Sie werden sie im Laufe dieses Buches kennenlernen. Hier mal drei Beispiele:

- **Preisausschreiben:** Das will ich gewinnen, das schafft Sympathie für das Produkt.
- **Zugaben:** Hängen am Produkt und will ich haben, also kaufe ich.
- **Geld zurück:** Kaufen ohne Risiko, weil ich ja mein Geld zurückbekommen kann.

So, und jetzt steigen wir in die Praxis ein. In den folgenden Kapiteln entdecken Sie die vielfältigen Möglichkeiten der Vkf. Sie können lernen, wie Sie selber starke Aktionen entwickeln und texten.

Checkliste – Verkaufsförderung theoretisch: haken wir's ab

Verkaufsförderung kann heißen:
- Vkf
- VF
- Sales Promotion
- Promotion
- SP

Marketing-Mix
Der Marketing-Mix nennt alle strategischen Maßnahmen, die nötig sind, um im Markt erfolgreich zu sein:
- Produkt
- Preis
- Distribution
- Kommunikation
- Werbung
- Verkaufsförderung
- Public Relations

Vkf und Werbung – gemeinsam sind sie stärker
- Sie ergänzen sich
- und schaffen gemeinsam den Erfolg im Markt

Vkf-Erfolg ist messbar
- Reinverkauf in den Handel
- Abverkauf aus dem Handel
- Teilnahme an Gewinnspielen

Unterschied Werbung und Vkf

- Werbung verändert mittel- und langfristig Einstellungen zum Produkt
- Vkf löst kurzfristig Kaufaktionen aus

Gemeinsamkeiten von Werbekampagnen und Vkf-Aktionen

- Claim/Slogan
- CI/CD
- Tonality
- Werbefigur – wenn es eine gibt

Zusatznutzen

- Preisausschreiben
- Geld-zurück-Aktion
- Zugaben
- und mehr (kommen in den nächsten Kapiteln ausführlich)

Zur grauen Theorie gibt es keine Übungen, damit geht es im nächsten Kapitel los.

2. Die Sprache in der Verkaufsförderung – drei Zielgruppen mit unterschiedlichen Anforderungen

Da es bei der Vkf um den Reinverkauf in den Handel und um den Abverkauf aus demselben geht, haben wir es mit 3 Zielgruppen zu tun: Außendienst, Handel, Verbraucher. Diese 3 Zielgruppen haben unterschiedliche Aufgaben und völlig andere Erwartungen an das Produkt und die Vkf-Aktion. Da sich auch ihre Denkstrukturen stark unterscheiden, müssen sie unterschiedlich angesprochen werden.

Jede Vkf-Aktion wendet sich an die drei Zielgruppen:

- **Außendienst:** Er soll das Produkt und die Aktion in den Handel hineinverkaufen.
- **Handel:** Er soll die Aktion und das Produkt ordern, verkaufsaktiv im Laden platzieren und die entsprechenden Vkf-Mittel einsetzen.
- **Verbraucher:** Er soll das Produkt kaufen und sich an der Promotion beteiligen, zum Beispiel Gewinnspiel-Teilnahme, Zugabe anfordern und so weiter.

Zielgruppe Verbraucher – mach mit und kauf mich

Fangen wir mit dem einfachsten an, dem Verbraucher. Die Sprache ist eigentlich klar, seine ist auch unsere. Seine Erwartungen an das Produkt können wir nachvollziehen, schließlich sind wir selber alle Verbraucher.
Aber die Vkf geht im Gegensatz zur Werbung überhaupt nicht subtil vor. Da wird klar gesagt: Mach mit, kauf mich, gewinn die Weltreise, hol dir den Zusatznutzen, pack mich ein! Der Imperativ ist hier sehr beliebt. Und da wir nicht alle IKEA sind, wird auch meistens gesiezt. Wie Sie am folgenden Beispiel sehen, ist die Sprache wirklich einfach: „Gewinnen Sie …“, damit wird impliziert, dass man schon so gut wie gewonnen hat. „… hier im Markt …“ wo, also direkt hier „… einen coolen Kühlrucksack.“ Und der Gewinn wird auch gleich klar ausgelobt.

Abb. 2: Hassia Mineralquellen, Bad Vilbel, Bad Vilbeler UrQuelle, Ladenplakat 2005, Agentur Ufer & Cie., Frankfurt

Sprachlich noch einfacher ist das Weglassen jeglicher Konjugationsformen, sprich Infinitiv verwenden. Im Beispiel Leica heißt es einfach: „Welt erfahren." Nicht: „Erfahren Sie die Welt!" Je kürzer, desto schneller wahrnehmbar, je einfacher, desto besser verständlich. Ziel ist es, ganz schnell eine Reaktion beim Konsumenten zu bewirken: mitmachen, teilnehmen, gewinnen! Aber auch: Aufmerksamkeit erregen, damit selbst beim flüchtigen Betrachter hängen bleibt: „Leica macht ein Gewinnspiel, toll, da mach ich mit, das will ich gewinnen."

Sie sehen, die Ansprache in den Verkaufsförderungsmitteln für die Zielgruppe Verbraucher ist ausgesprochen einfach und direkt. Kurz, knapp, prägnant, schnell auf den Punkt, denn die Werbemittel werden nur einen Moment wahrgenommen. Ihre einzige Aufgabe ist, einen Kaufakt oder die Teilnahme an einem Gewinnspiel auszulösen. Hier soll nicht wie in der Werbung eine Meinung gebildet oder ein Image geprägt werden.

Abb. 3: Leica Ladenplakat 2000, Agentur Marketing Vision, Wetzlar

Zielgruppe Handel – überzeugende Argumente für den Reinverkauf

Keine Angst, das ist keine reine Marketingsprache, aber auch nicht gerade Prosa. Sachlich und manchmal etwas reißerisch werden dem Handel die Vorteile aufgeführt, die er davon hat, wenn er die Aktion und das Produkt ordert. Wortspiele sind beliebt – so heißt es denn hier auch „Erfrischende Umsätze", weil es um Erfrischungsgetränke geht.

Weiter im Text:
Abverkaufsunterstützung im Markt
attraktive Gewinne
aufmerksamkeitsstarke Aktionsauftritte
gesteigerte Umsätze
kundenindividuelle Promotions

Abb. 4: Hassia Mineralquellen, Bad Vilbel, Salesfolder, Agentur Ufer & Cie., Frankfurt

einfaches Handling
größte Flexibilität
Top-Gewinne
garantiert Zusatzabsätze

Unschwer erkennbar handelt es sich hier um eine ganz besondere Sprache. Klar, absatzorientiert, der Händler wird immer angesprochen, die Versprechen sind eindeutig. Ziel dieser Sprache ist, den Händler davon zu überzeugen, dass er mit diesen Aktionen ohne großen Aufwand Gewinn macht. Denn das ist ihm wichtig: wenig Arbeit, viel Gewinn.

Zielgruppe Außendienst – Motivation muss sein

Der Außendienst, kurz AD genannt, muss immer wieder motiviert werden, sich voll einzubringen. Manche Aktionen werden mit einem AD-Wettbe-

werb unterstützt, bei dem es allerhand zu gewinnen gibt, manche werden in AD-Konferenzen vorgestellt, manche auch nur in einem kurzen Anschreiben. Je nachdem, wie aufwendig eine Aktion ist, desto aufwendiger können auch die Maßnahmen für den Außendienst sein. Es kann aber auch durchaus vorkommen, dass diese Arbeit am Texter und Konzeptioner vorbeigeht und direkt von der Marketingabteilung des Unternehmens übernommen wird. Schätzen Sie sich glücklich, wenn dem so ist, wenn nicht, dann nehmen Sie die Herausforderung an und ziehen Sie alle Register.
Nun zur Sprache. Sie ist ähnlich wie die für den Handel. Marketingorientiert, Gewinn bringend, Vorteile aufzeigend. Aber beim Außendienst gibt noch ein psychologisches Moment zu beachten: jeder Außendienstler oder jede Außendienstlerin sind Menschen, die auch ihren persönlichen Vorteil sehen wollen. Sie haben Familie, eine Partnerin oder einen Partner. Erfolg im Beruf sollte sichtbar werden, Partner, Nachbarn, Freunde dürfen ruhig mitbekommen, was man erreicht hat. Und das geht am besten mit einem Anreizprogramm, das die Partner mit einbezieht und mit Anreizen, die nach außen Erfolg repräsentieren. Die Sprache sollte in solchen Fällen darauf eingehen. Es dürfen ruhig Worte wie Stolz, Erfolg, Ziele, Nummer 1 und so weiter vorkommen. (Das Thema werden wir im entsprechenden Kapitel noch vertiefen.)

Guter Stil – auch in der Verkaufsförderung ein Muss

In meinem Buch *Professionelles Texten leicht gemacht* widme ich dem guten Stil ein ganzes Kapitel. Nun ist der Stil in der Verkaufsförderung nicht ganz so ausgefeilt, aber ebenso wichtig. Und die grundsätzlichen Regeln für guten Stil gelten hier wie dort.
Der Platz für Text ist in der Vkf sehr knapp bemessen. Auch hat der Leser nicht alle Zeit der Welt, sich dem geschriebenen Wort zu widmen. Deshalb muss der Text in der Vkf für jede der drei Zielgruppen:

- kurz,
- prägnant und
- verständlich

sein. Gleichzeitig müssen alle Informationen im Text stehen. Und damit er verständlich ist, schreiben Sie so einfach wie möglich. Mit den Worten, die der Zielgruppe geläufig sind.

Der einfache Text:
- kurze Sätze
- verständliche Wörter
- einfache Sprache
- vermeiden Sie Fremdwörter
- konzentrieren Sie sich auf das Wesentliche

Der Satzbau – je kürzer und einfacher, desto besser

Ein Satz besteht gemeinhin aus Subjekt, Prädikat, Objekt. Gerade in der Vkf wird auf komplizierte, verschachtelte Sätze verzichtet. Und wie wir im Beispiel bereits gesehen haben, erfreut sich die Aufforderung in der Vkf großer Beliebtheit. Auch der Infinitiv-Satz – wenn das denn überhaupt einer ist – ist in der Vkf nicht nur erlaubt, sondern sogar höchst willkommen.

Prägnanz – der treffende Text

Im prägnant geschriebenen Text hat jedes Wort einen Sinn. Der Text ist übersichtlich, die Argumente kommen folgerichtig, der Aufbau ist logisch, klar und zielgerichtet. Es gibt keine Wiederholungen, keine Phrasen, keine Belanglosigkeiten. In der Vkf ist das ganz besonders wichtig. Besonders im Salesfolder müssen Sie immer wieder eine Argumentationskette aufbauen. Diese muss logisch sein und den Händler verständlich zur zwingenden Schlussfolgerung führen, die Ware und die Aktion zu ordern.

Was einen prägnanten Text auszeichnet:
- jedes Wort hat einen Sinn
- der Text arbeitet auf ein Ziel hin
- der Aufbau ist logisch
- die Argumente kommen folgerichtig

Schreiben Sie aktiv

Aus gutem Grund heißt das Passiv auf gut Deutsch „Leidensform“. Lassen Sie Ihre Leser nicht leiden, schreiben Sie aktiv. Das ist in jedem Falle klarer und dynamischer.

Beispiel:
passiv: Die Aktion wird von starken TV-Spots unterstützt.
aktiv: Starke TV-Spots unterstützen die Aktion.

Weniger Hauptwörter

Ein Satz mit vielen Hauptwörtern klingt steif und ist nicht auffordernd, was ja gerade in der Vkf sehr wichtig ist.

Der Hauptwortsatz:
Attraktives Gewinnspiel zur Steigerung Ihres Umsatzes.

Der Verbsatz:
Das attraktive Gewinnspiel steigert Ihren Umsatz.

Vermeiden Sie Bandwurmwörter

Nun sind in der Vkf so einige Wortungetüme durchaus gebräuchlich. Da gibt es die aufmerksamkeitsstarke Aktionshilfe, das markenindividuelle Promotion-Paket und die rausverkaufssteigernden Abverkaufsunterstützungsmittel. Zum Glück ist Ihr Leser – in dem Fall der Händler – an diese Worte gewöhnt. Dennoch: wenn Sie es besser ausdrücken können, dann tun Sie es und machen Sie aus der rausverkaufssteigernden Abverkaufsunterstützungsmittel einen Satz:

Mit diesen Werbemitteln steigern wir Ihren Rausverkauf.

Das klingt besser und ist ein erfolgsorientiertes Versprechen, das beim Händler auf fruchtbaren Boden fällt.

Wiederholung als Verstärkung

Ein Stilmittel, das besonders in der Vkf gerne und erfolgreich eingesetzt wird. Ein Angebot, ein Vorteil, ein Zusatznutzen oder ein Thema werden so verstärkt und durch die Wiederholung richtiggehend eingehämmert.

So könnte es in einem Salesfolder stehen:
mehr Abverkauf
mehr Umsatz
mehr Gewinn

Vorteil für Ihre Kunden
Vorteil für Ihren Umsatz
Vorteil für Ihren Gewinn

Starke Aktion
Starke Gewinne
Starker Abverkauf

Gewinn für Ihre Kunden
Gewinn für Ihr Geschäft
Gewinn für Ihren Abverkauf

Antworten und Aufforderungen statt Fragen

Immer wieder liest man Werbetexte, die mit einer Frage beginnen. Damit dokumentiert der Texter seine eigene Ratlosigkeit. Besser ist es, Antworten zu geben, noch besser, den Leser aufzufordern. Grundsätzlich sollten Sie Fragen vermeiden, die nicht eindeutig in Ihrem Sinne beantwortet werden.

Beispiel:
Wollen Sie nicht auch Ihren Abverkauf mit gezielten Promotions beleben?

Besser:
Beleben Sie Ihren Abverkauf mit gezielten Promotions!

Die große Ausnahme bildet natürlich die Preisfrage, als Headline oder als Texteinstieg. Da sollen Sie fragen: Wer wird Millionär? Warum lieben alle

Kinder Ketchup? Wie heißt die neue Backmischung? Welcher Joghurt hat die meisten Vitamine?

Schreiben Sie klar und deutlich

Unser Unterbewusstsein spielt uns immer wieder kleine Streiche. Denn das meiste, was wir lesen oder hören, nehmen wir gar nicht bewusst wahr. Wir lesen nicht mit den Augen, wir hören nicht mit den Ohren, vielmehr ist es das Unterbewusstsein, das aus dem Gelesenen und Gehörten Bilder erzeugt, die wir gar nicht beeinflussen können. Deshalb ist es sehr wichtig, dass Sie genau das schreiben, was Sie sagen wollen. Gerade in der Vkf sollten Sie nicht um den heißen Brei herumreden.
Wenn der Händler im Salesfolder liest „Mit dieser Aktion haben Sie wenig Arbeit“ dann bleibt genau das unschöne Wort „Arbeit“ hängen. Dann schreiben Sie doch lieber:

„Mit dieser Aktion kommt der Umsatz ganz von selbst.“

Sehr deutlich macht Ihnen folgendes Beispiel, welche Streiche Ihnen Ihr Unterbewusstsein spielt. Woran denken Sie, was sehen Sie vor Ihrem geistigen Auge, wenn Sie das lesen:

„Denken Sie nicht an Paris!“

Sie sehen den Eiffelturm oder was auch immer Sie mit Paris verbinden. Ihr Unterbewusstsein zeigt Ihnen also genau das, was Sie nicht sehen sollen. Deshalb ist es immer besser, das zu schreiben, was vor dem geistigen Auge der Zielgruppe erscheinen und im Gedächtnis bleiben soll.

Erzeugen Sie Bilder mit einer bildhaften Sprache

Das ist in der Vkf wesentlich einfacher als in der klassischen Werbung. Da dürfen wir die „Kasse klingeln“ lassen und „eine coole Kühltasche“ verlosen. Die Wortspiele beziehen sich meistens auf das Motto der Aktion oder das Produkt. Wenn wir beispielsweise eine Aktion anlässlich der Fußball-WM haben, was im Jahre 2006 keine Seltenheit war, dann kommen solche Formulierungen vor:

Volltreffer für Ihren Umsatz
Freistoß mit großen Gewinnchancen
11 starke Gründe für Ihren Erfolg
Anpfiff für die Aktion des Jahres

Oft wird auch der USP (unique selling proposition – einzigartiges Produktversprechen) immer wieder bildhaft umgesetzt. Nehmen wir mal als Beispiel eine scharfe Chili-Sauce. Da machen sich solche Sprach-Bilder gut:

Scharfe Gewinne
Feurige Abverkaufshilfen
Gepfefferter Umsatz

Die Struktur – Logik ist wichtig

Auch und gerade in der Vkf sollte jeder Text logisch aufgebaut und sauber strukturiert sein. Die Argumente müssen folgerichtig kommen. Das gilt nicht nur für den Salesfolder, sondern auch für jede kleine Teilnahmekarte.
Texte werden inhaltlich und optisch strukturiert. Salesfolder folgen dabei einem besonderen Gesetz – ein Thema, das im entsprechenden Kapitel noch ausführlich behandelt wird.

Die inhaltliche Struktur:

Grundsätzlich gilt aber bei einem Text in der Vkf genau wie im Werbetext der Aufbau, der schon in der Schule einen guten Deutschaufsatz kennzeichnete:

1. **Einleitung** – Hinführung zum Thema
2. **Hauptteil** – Ausarbeitung des Themas, Erklärung des Hauptgedankens
3. **Schlusswort** – Aufgreifen des Hauptgedankens, Fazit

Genauso gliedern Sie Ihren Verkaufsförderungstext. In der **Einleitung** reißen Sie kurz das Thema an, machen neugierig und führen zum Hauptteil. Im **Hauptteil** behandeln Sie das Thema so knapp wie möglich und so ausführlich wie nötig. Wenn Sie mehrere Informationen haben, handeln Sie eine nach der anderen ab. Erst wenn das eine Thema beendet ist, kommt das nächste. Nur so haben Sie die Chance, dass Ihr Text verstanden und behalten wird.

Im **Schlussteil** greifen Sie noch einmal den Hauptgedanken auf und ziehen ein Fazit, das durchaus in eine Aufforderung münden darf.

Die optische Struktur:

Sie macht den inhaltlichen Aufbau eines Textes sichtbar. Jeder neuen Information oder Botschaft geben Sie einen neuen Absatz, wenn der Platz es zulässt. Weitere optische Strukturhilfen sind Zwischen-Headlines über jedem Absatz, die den Inhalt kurz anreißen oder in den Text einführen.
Eine weitere Möglichkeit für eine klare optische Struktur bieten Aufzählungszeichen und Nummerierungen. Diese eignen sich besonders, wenn Sie Fakten aufzählen oder eine Botschaft sehr deutlich machen wollen.
Über den ganzen Text schreiben Sie eine Überschrift. Diese Headline hat ähnliche Funktionen wie die Zwischen-Headline. Sie soll schnell informieren, neugierig machen und zum Weiterlesen reizen.
Zum Abschluss können Sie einen Slogan oder Claim schreiben oder auch nur eine fett gedruckte Unterzeile, die auffordert, ins Geschäft zu kommen, das Produkt zu kaufen, bei der Aktion mitzumachen, am Gewinnspiel teilzunehmen.
Headline, Zwischen-Headline, Claim/Slogan oder Unterzeile heben sich vom Text ab, weil sie fett gedruckt sind und/oder in einer größeren, anderen oder fetten Schrifttype abgesetzt werden.
Jedes Hilfsmittel zur optischen Struktur hilft natürlich auch bei der inhaltlichen Struktur. Absatz für Absatz können Sie dem Leser die Botschaft näher bringen und ihn an das von Ihnen gewünschte Ziel führen.

Um Ihren Text optisch zu strukturieren, verwenden Sie also:

- Überschriften – Headlines
- Textblöcke – Absätze
- Aufzählungszeichen und Nummerierungen
- Zwischenüberschriften – Crossheadlines
- Sublines – Unterzeilen – Abbinder
- Slogan/Claim

Halten Sie sich auch in der Verkaufsförderung an die Regeln für guten Stil, texten Sie prägnant und deutlich, verwenden Sie gebräuchliche Worte und schaffen Sie mit Ihren Texten Bilder. Wenn Sie einen solchen Text dann noch inhaltlich und optisch klar strukturieren, haben Sie große Chancen, gelesen und verstanden zu werden.

Checkliste – die Sprache in der Verkaufsförderung

Wenn Sie einen Vkf-Text geschrieben haben, gehen Sie ihn mit dieser Checkliste durch. Ehrlich und kritisch.

Jede Vkf-Aktion wendet sich an die drei Zielgruppen:
- Außendienst
- Handel
- Verbraucher

Unterschiede bei diesen drei Zielgruppen:
- Sprache
- Anforderungen/Erwartungen an das Produkt und die Aktion
- Denkstruktur

Sprache Zielgruppe Verbraucher:
- einfache Sprache
- Aufforderung
- Infinitiv-Satz

Sprache Zielgruppe Handel:
- absatzorientierte Marketingsprache
- Verwendung von Begriffen wie Umsatz, Geschäft, Absatz, Gewinn
- Wortspiele

Sprache Zielgruppe Außendienst:
- persönlich
- ähnlich wie beim Handel
- Erfolg repräsentieren mit Worten wie Stolz, Erfolg, Ziele, Nr. 1

Schreiben Sie verständlich:
- kurze Sätze
- bekannte Wörter
- einfache Sprache
- Konzentration auf das Wesentliche

Schreiben Sie prägnant:
- jedes Wort hat einen Sinn
- der Text ist zielgerichtet
- der Aufbau ist logisch
- die Argumente kommen folgerichtig

Vermeiden Sie Fehler:
- Aktiv statt Passiv
- keine Hauptwortsätze
- keine Bandwurmwörter
- keine Wiederholungen – es sei denn, als Verstärkung
- keine Frage, die der Leser nicht in Ihrem Sinne beantworten kann
- Sagen Sie, was der Leser sehen soll – nicht, was er nicht sehen soll

Schreiben Sie bildhaft:
- Wortspiele
- bezogen auf das Produkt ...
- und den Produktnutzen ...
- oder die Aktion beziehungsweise das Aktionsmotto

Textstruktur für bessere Lesbarkeit
- inhaltlich
- optisch

Die inhaltliche Struktur:
- Einleitung
- Hauptteil
- Schluss/Fazit

Die optische Struktur:
- Absätze
- Zwischen-Headlines
- Headline
- Slogan/Claim/Schlusssatz

Übungen „Sprache in der Verkaufsförderung"

Lösungsvorschläge finden Sie im Anhang. Da es sich hier um kreative Leistungen handelt, können es natürlich nur Vorschläge sein. Es kann durch-

aus sein, dass Sie auf andere Lösungen kommen als ich, die ebenfalls richtig sind. In jedem Fall sollten Sie an meinen Lösungsbeispielen erkennen können, ob Sie richtig liegen.

2.1 Zielgruppe Verbraucher: Texten Sie folgende Ladenplakate

Schreiben Sie eine Headline, beschreiben Sie den Gewinn oder die Zugabe, sagen Sie, wo gewonnen wird.

a. Produkt: Backmischung
   Aktion: Gewinnspiel
   Preis: 10 Backformen
   Verlosung: im Geschäft
b. Produkt: Kaffeemaschine
   Aktion: Gewinnspiel
   Preis: 1 Reise nach Brasilien auf eine Kaffeeplantage
   Verlosung: beim Hersteller
c. Produkt: Cremiger Brotaufstrich
   Aktion: Zugabe
   Zugabe: 1 Streichmesser

2.2 Zielgruppe Handel: Salesfolder-Headlines

Schreiben Sie Salesfolder-Headlines zu den Themen Umsätze, Gewinn, Aktion und Werbemittel für folgende Produkte:

a. Produkt: Eiscreme
   Aktion: zwei Packungen kaufen, Kühltasche bekommen
b. Produkt: Mandellikör
   Aktion: Preisausschreiben, Reise zur Mandelblüte nach Andalusien
c. Produkt: Feinschmecker-Tütensuppen
   Aktion: Gewinnspiel, Feinschmecker-Wochenende zu gewinnen

2.3 Zielgruppe Außendienst

Schreiben Sie Headlines für Außendienst-Motivationen:

a. Der beste Außendienstmitarbeiter gewinnt ein Wochenende für zwei Personen in Paris

b. Für je 1000 Euro Umsatz bekommt der Außendienstmitarbeiter Wertpapiere im Wert von 10 Euro

2.4 Schreiben Sie prägnant

Machen Sie folgende Sätze prägnanter und auffordernder:

a. Durch Ihre Teilnahme am Preisausschreiben können Sie bei richtiger Lösung eine Reise nach New York für 2 Personen gewinnen.
b. Mit unserer groß angelegten Verkaufsförderungsaktion sorgen wir dafür, dass Ihr Umsatz steigt und dass Kunden in Ihr Geschäft kommen.
c. Wenn Sie zwei Packungen Nudeln kaufen, bekommen Sie kostenlos eine Tüte Soßenfix Napoli.

2.5 Machen Sie aus einem langen Satz zwei oder drei kurze

a. Die Aktionsplatzierung zieht die Aufmerksamkeit Ihrer Kunden auf sich und sorgt für einen verstärkten Abverkauf, durch den Sie mehr Umsatz und einen interessanten Gewinn machen.
b. Wenn Sie diese Aktion so platzieren, dass sie die Aufmerksamkeit der Kunden auf sich zieht, können Sie mehr Umsatz machen und durch die Instore-Verlosung, die einen interessanten Hauptgewinn bietet, bei Ihren Kunden an Sympathie gewinnen.
c. Nehmen Sie an unserem Gewinnspiel teil und gewinnen Sie eine Reise um die Welt, indem Sie unsere Preisfrage beantworten, die Teilnahmekarte ausfüllen und abschicken.

2.6 Schreiben Sie diesen Text bildhafter

Verwenden Sie Bilder, die sich aus dem Produkt beziehungsweise aus der Aktion ergeben.
Produkt: Feinschmecker-Eiscreme, Aktion: Nachtischrezepte als Zugabe
Und hier der Text, wie er in einem Salesfolder stehen könnte:
Unser neues Produkt: Feinschmecker-Eiscreme in den Sorten Confiserie, Praliné und Innovation
Unsere Aktion: raffinierte Nachtischrezepte, die Ihren Umsatz verbessern
Ihr Vorteil: mehr Umsatz, mehr Gewinn, zufriedene Kunden

2.7 Nutzen Sie die Wiederholung als Verstärkung

Eine scharfe Grillsauce und ihre Aktion werden in einem Salesfolder in den Handel reinverkauft. Schreiben Sie den Text neu, indem Sie mit der Wiederholung als Verstärkung arbeiten:
Unsere extra scharfe Grillsauce heizt die Grillsaison so richtig an.
Mit einer Aktion, bei der Ihre Kunden 10 Reisen nach Lanzarote gewinnen können.
Ihre Vorteile: aufmerksamkeitsstarke Aktionsplatzierung, mehr Umsatz, mehr Gewinn

2.8 Machen Sie aus Fragen Antworten oder Aufforderungen

a. Möchten Sie nicht auch mal eine Weltreise gewinnen?
b. Können Sie sich vorstellen, wie viel mehr Umsatz Sie mit dieser Aktion machen?
c. Warum nehmen Sie nicht einfach an diesem Gewinnspiel teil?

2.9 Aktiv: machen Sie aus passiven Sätze aktive

a. Der Abverkauf wird von einem starken Gewinnspiel gefördert.
b. Durch die Palettenplatzierung geht der Umsatz in die Höhe.
c. Kunden werden von Anzeigen und Funkspots auf die Aktion im Handel aufmerksam gemacht.

2.10 Machen Sie aus Hauptwortsätzen Verbsätze

a. Einsatz eines attraktiven Gewinnspiels im Geschäft zur Schaffung einer hohen Kundenbindung.
b. Schaltung von Anzeigen und Funkspots zur Erreichung vieler Kundenkontakte.
c. Hochwertige Zugaben zur Förderung des Abverkaufs.

3. Der Außendienst – ohne ihn versandet jede Aktion im luftleeren Raum

Da haben Sie sich eine tolle Aktion ausgedacht, aber wie kommt sie in den Handel? Das macht der Außendienst des Unternehmens. Meistens kennen Sie diese Leute nicht persönlich und haben nur eine verschwommene Vorstellung davon, was sie sich wünschen, wie sie arbeiten, welches Verhältnis sie zu den von ihnen besuchten Händlern haben. Umso wichtiger ist ein klares Briefing vom Kunden. Scheuen Sie sich auch nicht, Ihren Auftraggeber zu fragen, was bei seinem Außendienst besonders zu beachten ist. Nehmen Sie sich vielleicht sogar die Zeit für ein Telefongespräch mit dem Vertriebsleiter, der Ihnen sicher den einen oder anderen Tipp geben kann.

Über allem steht ein einheitliches Dach

Jede Vkf-Aktion hat ein Dach, das aus drei Konstanten besteht, die maßgeblich für die gesamte Aktion sind:

- die Idee – die Promotion-Idee, die sich durch alle Werbemittel zieht
- Motto – das verbale Dach
- Key Visual – das visuelle Dach

Diese drei Faktoren sind auch für die Aktivitäten für den Außendienst maßgeblich. So wird aus der Aktion selbst für drei unterschiedliche Zielgruppen eine Einheit.

Vor der Motivation kommt die Information

Natürlich müssen Sie den Außendienst zuerst über die geplante Aktion informieren. Dazu haben Sie mehrere Möglichkeiten, die je nach Umfang der Aktion und Budget eingesetzt werden können. Schon in dieser Phase können Sie die Partner einbeziehen und damit am Erfolg der Außendienstler

teilhaben lassen. Das motiviert zusätzlich – so wird die Information bereits zur Motivation.
So informieren Sie den Außendienst über die Aktion:

Intranet oder Internet:
Das ist einfach und am wenigsten aufwendig. Bei kleinen Aktionen reicht eine E-Mail mit Link auf interne Informationen.

Anschreiben:
In Zeiten, in denen jeder mit dem Computer arbeitet, ist das schon veraltet. Manchmal erfordert aber die Aktion diese altmodische Maßnahme. Denn ein Anschreiben ist nun mal persönlicher.

Mailing:
Wird dem Anschreiben etwas beigelegt, dann wird es zum Mailing. Das bietet sich an, wenn man hier schon einzelne Verkaufsförderungsunterlagen verschickt, z.B. den Salesfolder.

Außendienstkonferenz:
Ein Tag reicht oft, um dem Außendienst die Aktion vorzustellen. Häufig wird das mit der Vorstellung einer ganzen Jahresplanung verbunden.

Mehrtägige Außendiensttagung:
Große Aktionen erfordern große Maßnahmen. Eine solche Tagung wird meistens am Wochenende veranstaltet. Hier verbindet man das Angenehme mit dem Nützlichen, häufig werden auch die Partner mit eingeladen, und schon ist die Tagung Teil eines Motivationsprogramms. Denn man kann davon ausgehen, dass jeder Außendienstler nach einer gelungenen mehrtägigen Veranstaltung hochmotiviert Aktion und Ware in den Handel hineinverkauft. Außerdem stärkt eine solche mehrtägige Veranstaltung das Wir-Gefühl – eine nicht zu unterschätzende Bindung an das Unternehmen.

Die Motivation – schaffen Sie Anreize

Wie immer in der Verkaufsförderung sorgen auch beim Außendienst zusätzliche Anreize dafür, dass er sich gehörig ins Zeug legt und die Aktion mit der Ware in den Handel hineinverkauft. Das nennt man Außendienstmotivation.

Sehr erfolgreich sind immer wieder Prämiensysteme. Natürlich bekommt der Außendienst sowieso finanzielle Prämien für den Umsatz, den er macht. Aber neben diesen schnöden pekuniären Prämien sind es gerade die Sachprämien, die seinen Erfolg nach außen, sprich bei Familie, Verwandten und Freunden, sichtbar machen. Das ist wie mit dem Firmenwagen. Wer den hat, kann stolz nach außen demonstrieren, dass seine Leistung seiner Firma einen Geschäftswagen wert ist. Und je größer das Auto, desto größer sein Erfolg. Aber zurück zum Prämiensystem. Je mehr Punkte der Außendienstler sammelt, desto größere Prämien kann er abstauben. Und wenn die Top-Prämie eine Reise für zwei Personen ist, dann ist diese natürlich besonders erstrebenswert, weil sie den Erfolg nach außen demonstriert.

Außendiensttagung und Motivation – ein fiktives Beispiel

Wir nehmen jetzt mal ein fiktives Beispiel.

- Produkt: Pralinen
- Aktionsdach: Liebe
- Aktionsmotto: **Geschmack zum Verlieben**
- Key Visual: rotes Herz

Die gesamten Maßnahmen für den Außendienst, von der Einladung über die Außendiensttagung bis zum Motivationsprogramm, stehen unter diesem Dach.

Die Einladung:

Diese kann per Intranet kommen, was aber in diesem Fall zu unpersönlich ist. Geht es hier doch um Gefühle, Liebe und Geschmack zum Verlieben. Deshalb ist eine persönliche Einladungskarte ein Muss. Mit einem Herz und dem Aktionsmotto. Eingeladen werden natürlich auch die Partner. Schließlich ist es eine Aktion zum Verlieben und außerdem wird so der Erfolg des Außendienstlers sichtbar.
Texten Sie also im persönlichen Stil: „Wir freuen uns, Sie und Ihre Partnerin oder Ihren Partner einzuladen …“

Die Außendiensttagung

Spielen wir unser Beispiel mal an der aufwendigsten Methode durch. Wir veranstalten eine Tagung an einem Wochenende mit Partnern und Rahmenprogramm. Für groß angelegte Tagungen wird meistens eine Event-Agentur engagiert. Die Konferenz an sich wird sicherlich der Vertrieb vorbereiten. Sehen Sie Ihre Aufgabe als Texter und Konzeptioner darin, die Veranstaltung für den Mitarbeiter und seine Begleitung zu einem unvergesslichen Erlebnis zu machen. Wenn Sie das schaffen, haben Sie gewonnen: einen hochmotivierten Außendienstmitarbeiter, der sich voll und ganz für den Erfolg Ihrer Vkf-Aktion einsetzt.

Location:

Wählen Sie ein romantisches Hotel in einer romantischen Umgebung aus. Niemals in einer Stadt, denn dort gibt es zu viel Ablenkung. Schließlich sollen die Tagung und das Rahmenprogramm die ungeteilte Aufmerksamkeit der Gäste finden.

Partnerprogramm:

Während die anderen arbeiten, können die Partner sich entspannen:

- Im hoteleigenen Fitnessstudio, Wellnessbereich oder in der Kosmetikabteilung. Für Letztere bekommt jeder einen Gutschein.
- Spaziergang zu einem romantischen Platz in der Umgebung mit Romantik-Picknick.
- Kochen für Verliebte: Kochkurs im Hotelrestaurant.

Gemeinsames Rahmenprogramm:

Auch die Außendienstler brauchen eine Pause. Das passt zum Aktionsmotto:

- Empfang auf dem Zimmer: 1 Flasche Sekt, 1 Packung Pralinen
- tagsüber: Tango-Tanzkurs
- Abschlussabend: Romantik-Dinner mit Tanzwettbewerb

Die Außendienstmotivation:

Motto für das AD-Motivationsprogramm:

Sammeln Sie Herzen

Ablauf: Jeder Außendienstler bekommt eine CD-ROM mit dem Key Visual und dem Motto als Cover. Von der CD kann er sich den Motivationskatalog auf seinen Computer laden.
Hier gibt es nun ein Bonusprogramm. Für jede verkaufte Menge (wird vom Vertrieb festgelegt) bekommt er Bonuspunkte in Form eines Herzens, für die er sich etwas aus dem Prämienkatalog aussuchen kann. Die Prämien gehen vom MP3-Player für 5 Herzen bis zum romantischen Wochenende in Paris für 100 Herzen. Natürlich wird jeder Außendienstler sich ins Zeug legen, um das Wochenende in Paris zu bekommen. Schließlich ist es für zwei Personen und macht seinen Erfolg sichtbar.

Checkliste für eine erfolgreiche Außendienstmotivation

Stellen Sie alle Maßnahmen unter das Dach der Aktion.
Verwenden Sie:
- Aktionsidee
- Aktionsmotto
- Key Visual

Erfolgreiche Maßnahmen für den Außendienst:
- Wählen Sie die Location für die Tagung so, dass sie zum Aktionsmotto passt und gleichzeitig wenig Ablenkung bietet.
- Lassen Sie Partnerinnen und Partner teilnehmen.
- Entwickeln Sie für diese ein Alternativprogramm.
- Planen Sie ein gemeinsames Rahmenprogramm.
- Entwickeln Sie eine passende Außendienstmotivation.
- Machen Sie die Veranstaltung zu einem unvergesslichen Erlebnis für alle Teilnehmer.

So informieren Sie den Außendienst über die Aktion:
- Intranet oder Internet
- Anschreiben

- Mailing mit Aktionsfolder und Motivationsprogramm
- Außendienstkonferenz (1 Abend)
- Außendiensttagung (1 Tag)
- mehrtägige Außendiensttagung (1 Wochenende)

Außendienstmotivation:
- Bonussystem
- Prämienkatalog
- Prämien, die den Erfolg nach außen sichtbar machen

Übungen – machen Sie dem Außendienst die Arbeit schmackhaft

Es gibt nur eine Übung, die ist aber sehr umfangreich. Den Lösungsvorschlag finden Sie im Anhang.

3.1 Entwickeln Sie eine Außendienstmotivation

Ähnlich dem fiktiven Beispiel mit allen Maßnahmen:
- Aktionsmotto
- Key Visual
- Einladung
- Außendiensttagung
- Location
- Empfang auf dem Zimmer
- Partnerprogramm
- gemeinsames Programm
- Bonusprogramm

Für folgendes Produkt:
- Bio-Kartoffelprodukte wie Kartoffelpüree, Kartoffelpuffer, Kartoffelsuppe, Bratkartoffeln und so weiter – alles aus der Tüte
- Aktionsdach: Natur, Bio

4. Der Handel – Schiedsrichter im Kampf um den Regalplatz

Der Regalplatz ist schmal, im Kühlregal wird es eng und in der Tiefkühltruhe herrschen eisige Verdrängungswettbewerbe. Ganz zu schweigen von Sonderplatzierungen, für die in den großen Märkten zwar Flächen vorgesehen, aber ebenso heiß umkämpft sind wie jeder Zentimeter im Regal. Dann gibt es natürlich noch die Kassenplatzierungen, die allerdings schon seit Jahren vergeben sind. Hier ein Plätzchen für das Produkt zu ergattern ist nahezu aussichtslos. Wer bestimmt nun darüber, wie viel Platz welches Produkt bekommt, welchen Raum eine Aktion im Markt einnehmen darf? Der Handel! Er hat die Macht darüber, wer die Kämpfe um den immer kleiner werdenden Platz in Regal, Kühlregal und Tiefkühltruhe gewinnt, welche Aktion eine Sonderplatzierung bekommt und wer sich direkt an der Kasse tummeln darf. So sieht es jedenfalls im Lebensmitteleinzelhandel aus – ein Wortungetüm, das gemeinhin als LEH abgekürzt wird.

Natürlich findet Verkaufsförderung auch in allen anderen Bereichen statt. Wo es was zu verkaufen gibt, ob Dienstleistung oder Gebrauchsgut, wird Verkaufsförderung eingesetzt. Am augenfälligsten, weil am häufigsten ist sie allerdings im klassischen Supermarkt, wo es bei Food und Non-Food um die Wurst geht.

Alle Aktionen, egal in welchem Geschäftstyp und für welche Produktart, unterliegen den Regeln der Verkaufsförderung. Zusammengefasst bedeutet das:

Jede Aktion braucht:

- eine Idee
- ein Motto
- ein Key Visual
- Zusatznutzen für die drei Zielgruppen Außendienst, Handel und Verbraucher
- Motivationsmaßnahmen für den Außendienst
- Reinverkaufsmittel für den Handel
- Abverkaufsmittel für den Verbraucher

Bis auf die Maßnahmen für den Außendienst fließen fast alle diese Maßnahmen im Handel zusammen.

Von Door-Openern und anderen Bestechungen

Ja, Sie lesen richtig: der Handel wird verwöhnt, gepampert, bestochen. Alles im gesetzlichen Rahmen natürlich. Freundlich und zur Aktion passend. Es mag sein, dass hie und da einiges unter der Hand ausgehandelt wird, aber das ist hier nicht unser Thema. Wir sprechen über die kreativen Maßnahmen, mit denen Sie den Handel dazu bewegen, bei einer Aktion mitzumachen, eine Aktionsplatzierung zu schaffen, ein Produkt gut zu platzieren und ihm vielleicht sogar etwas mehr Regalraum einzuräumen.

Das stimmt den Handel positiv:
Door-Opener: kleines Geschenk zu Beginn des Verkaufsgesprächs
Händler-Mitgewinn: Der Händler gewinnt gemeinsam mit seinem Kunden
Dekogeschenk: Eine Platzierung wird mit einem echten Produkt attraktiver gemacht, das der Händler nach Ablauf der Aktion behalten kann (zum Beispiel Sonnenmilchaktion mit Sonnenschirm)
Platzierungswettbewerb: Der Händler wird für eine gute Platzierung belohnt

Door-Opener – guter Start für das Verkaufsgespräch

Der Außendienstler beginnt sein Verkaufsgespräch mit dem Händler mit einem kleinen Geschenk, das bekanntlich die Freundschaft erhält. In der Verkaufsförderung wird das Door-Opener genannt, übersetzt Türöffner. Die Bedeutung ist klar: mit dieser kleinen Aufmerksamkeit wird die Tür für ein erfolgreiches Gespräch geöffnet.
Der Door-Opener sollte selbstverständlich auch zum Aktionsmotto passen. Also bitteschön kein Formel-1-Modell, wenn es um Romantik geht. Dann schon lieber eine CD mit Kuschelmusik. Außer dass der Door-Opener preislich den Etat nicht sprengen darf, sollte er drei Voraussetzungen erfüllen:

- zur Aktion passen
- Begehrlichkeiten auslösen: „Das will ich haben“

- leicht zu transportieren sein

Nehmen wir mal ein paar fiktive Beispiele:

1. Aktion für einen Fitnessdrink

Motto: **Gewinnen Sie eine Mitgliedschaft im Fitnessclub!**
Key Visual: Frau auf dem Laufband, trinkt Fitnessdrink
Door-Opener: Springseil mit Umdrehungszähler

2. Aktion für Pralinen

Motto: **Geschmack zum Verlieben**
Key Visual: Herz
Door-Opener: CD mit Kuschel-Hits

3. Aktion für ein Entspannungsbad

Motto: **Verwöhnwochenende gewinnen**
Key Visual: Frau mit Gelbrille entspannt im Schaumbad
Door-Opener: Gelbrille für entspannende Momente

Händler-Mitgewinn – ein Gewinn für die Aktion

Das eine ersetzt nicht das andere. Vielmehr kann der Händler-Mitgewinn noch zusätzlich zum Door-Opener kommen. Die Mechanik ist ganz einfach: gewinnt ein Kunde des Geschäfts beim Preisausschreiben, gewinnt auch der Händler. Der Trick ist offensichtlich: der Händler hat so ein gesteigertes Interesse daran, dass die Aktion in seinem Geschäft wirkungsvoll platziert wird und mit vielen Teilnahmekarten auch viele Rückläufe kommen. Denn je mehr Rückläufe, desto höher seine Gewinnchance.
Um erkennen zu können, welche Teilnahmekarten aus welchem Geschäft kommen, gibt es mehrere Möglichkeiten der Kennzeichnung:

- Händlerstempel – geht nur bei kleineren Mengen
- Code – die einfachste Lösung
- Händlereindruck – etwas aufwendiger
- Teilnehmer muss ausfüllen, wer sein Händler ist (zum Beispiel Supermarkt in Frankfurt-Eschborn)

Selbstverständlich muss der Händler jetzt nicht den gleichen Preis gewinnen wie seine Kunden. Wenn unter den Verbrauchern eine Kreuzfahrt ausgelost wird, heißt das noch lange nicht, dass der Händler jetzt mit seinem Kunden durchs Mittelmeer schippert.

Dekogeschenk – gut für die Platzierung, gut für die Aktion

Die Mechanik ist ganz einfach. Die Platzierung wird mit einem realen attraktiven Gegenstand aufgewertet, den der Händler nach Ablauf der Aktion behalten darf. Ein Sonnenschirm zur Sonnenmilch, ein Heimtrainer zum Fitnessdrink, ein Kuschelsessel zu den Pralinen – das sieht erstens gut aus und motiviert zweitens den Händler, die Aktion zu platzieren. Denn schließlich darf er die Dekoration behalten. Wenn das kein Anreiz ist!

Hier mal ein paar Beispiele:

- Fußball-Aktion für Schokoriegel, Deko: Tor
- Grillaktion für Ketchup, Deko: Gartengrill
- Rabattaktion für Knabbernüsse, Deko: Stofftier Hamster

Platzierungswettbewerb – Belohnung für eine gute Produktpräsentation

Natürlich kann der Händler an diesem Wettbewerb nur teilnehmen, wenn er das Produkt und die Aktion ordert. Deshalb werden so spannende Gewinne ausgelobt, dass eine Teilnahme geradezu zwingend ist.

Und so funktioniert der Platzierungswettbewerb:

- Im Salesfolder oder auf einem gesonderten Salesblatt wird der Wettbewerb vorgestellt.
- Der Händler wird aufgefordert, Produkt und Aktion besonders gut zu platzieren sowie die Aktionsmittel gut einzusetzen.
- Jetzt gibt es mehrere Möglichkeiten der Beweisführung.
- Der Händler reicht ein Foto seiner Platzierung ein.
- Der Außendienstmitarbeiter macht ein Foto von der Platzierung.
- Aus den Fotos werden die besten Platzierungen ausgewählt und mit Preisen belohnt.
- Die Gewinne oder Prämien richten sich nach dem Budget, das Ihnen für die Aktion zur Verfügung steht. Sinnvoll ist natürlich, wenn die Preise

auch einen Bezug zur Aktionsidee haben. Am wichtigsten ist, dass die Preise bei den Händlern Begehrlichkeiten auslösen. Sie wollen das haben und machen deshalb mit.

Verkaufsförderungsaktionen – im Laden ist die Hölle los

Gehen Sie mal an einem Samstag durch einen großen Verbrauchermarkt. Wenn Sie Glück haben, sparen Sie sich das Mittagessen, weil Sie überall probieren können. Beginnen Sie bei der Wurst, arbeiten Sie sich über den Suppensnack zum Käse vor, zwischendurch ein Gläschen Markenwein, dann noch ein Pudding, zum Schluss ein Espresso – und alles kostenlos. Das nennt man Degustation, auch eine Art, den Handel zu motivieren. Werfen Sie zwischen den einzelnen Degustationsgängen mal einen Blick auf die Regale und Sonderplatzierungen. Sie werden Dispenser mit Teilnahmekarten finden, Produkte mit Zugaben, Aktionsaufkleber von Koop-Aktionen, Ladenplakate, die Preisausschreiben ausloben, und vieles mehr.

Degustation – leckere Verführung

Freundliche Promotiondamen bieten an Degustationsständen kleine Köstlichkeiten zum Probieren an. Natürlich sollen Sie dann auch gleich das entsprechende Produkt kaufen, das just an diesem Tag zum Sonderangebot „3 kaufen, 2 bezahlen“ erhältlich ist. Die Unternehmen lassen sich diese Degustation viel kosten, versprechen sie sich davon doch einen überragenden Erfolg:

1. Der Verbraucher lernt das Produkt kennen. Es schmeckt ihm und er kauft es. Oder er fühlt sich durch das Probieren zum Kauf verpflichtet.
2. Und das ist der Hauptnutzen: der Handel weiß, dass jeder Degustationsstand ihm Gewinn bringt. Deshalb ordert er eine nicht unerhebliche Menge des jeweiligen Produkts.

Degustation ist also eine kostenintensive, aber auch sehr Erfolg versprechende Methode, den Handel zu motivieren. Teuer ist sie nicht wegen der Kostproben – das sind Peanuts. Die ganze Logistik, der Degustationsstand, die Promotiondamen, das geht pro Geschäft ganz schön ins Geld. Deshalb profitieren auch nur die wirklich großen Märkte davon. Meistens ist eine solche Probieraktion auch an eine bestimmte Ordermenge gebunden – Geschäft ist Geschäft.

Gewinnspiel am POS[1] – der Händler wird zum Veranstalter

Hier gewinnt der Händler gleich doppelt. Die Aktion bringt Kunden in sein Geschäft, denn sie wollen ja gewinnen, und er erhöht seinen Umsatz. Außerdem schafft die Aktion bei seinen Kunden Sympathie für ihn, denn er ist ja der Veranstalter. Das sind übrigens auch die Argumente, die Sie für eine solche Aktion im Salesfolder bringen können. Aber dazu später.
Hier mal ein paar Beispiele aus der Praxis für gelungene Gewinnspiele am POS, auch Instore-Verlosung genannt:

Abb. 5: bizzl, Ladenplakat 2006, Hassia Mineralquellen, Bad Vilbel, Agentur Ufer & Cie., Frankfurt

Die Headline sagt klar und ohne Schnörkel aus, worum es geht.

1. Gewinnen Sie: Aufforderung
2. hier im Markt: der Ort der Verlosung
3. Sonnenschirm: der Gewinn an sich

---

1. POS: Point of Sale, Verkaufsort, Handelssprache

Abgebildet sind die Produkte und der Preis.

Abb. 6: bizzl, Teilnahmekarte Rückseite, 2006, Hassia Mineralquellen, Bad Vilbel, Agentur Ufer & Cie., Frankfurt

Zu jeder Aktion gehört dann noch die passende Teilnahmekarte. Je einfacher sie gestaltet ist, desto schneller arbeitet sie.
Also:

- Format: A6
- beidseitig bedruckt
- Titelseite wiederholt das Plakatmotiv
- Rückseite Text

Da die Teilnahmekarte direkt im Handel eingeworfen wird, kann auf ein Adressfeld verzichtet werden. Dadurch bleibt mehr Platz für den Text, eine gute Möglichkeit, Produktvorteile auszuloben, aus denen sich dann auch die richtige Antwort für das Gewinnspiel ergibt.
Am Beispiel oben sehen Sie, wie einfach es ist.
Headline: Erfrischung tanken!
Copy: Produktauslobung mit Produktvorteil, der bei der Gewinnfrage abgefragt wird. Außerdem Mechanik: was muss man tun, um zu gewinnen?
Gewinnmechanik: Multiple Choice[1], einfach die richtige Antwort ankreuzen. Das ist kinderleicht, steht die Antwort doch bereits in der Copy ein paar

1. Multiple Choice: mehrfache Wahl, Gewinnmechanik, bei der man die richtige Antwort ankreuzen

Zentimeter höher. Warum so einfach? Weil es schnell gehen soll, weil der Verbraucher keine Lust hat, sich damit lange aufzuhalten. Einfach am POS ankreuzen, Adresse ausfüllen, einwerfen und fertig.
Ganz wichtig, weil von Rechts wegen vorgeschrieben, sind die Teilnahmebedingungen. Wie diese juristisch einwandfrei formuliert werden, lesen Sie im entsprechenden Kapitel auf Seite 206.
Weitere Beispiele für Gewinnspiele am POS mit den dazugehörigen Teilnahmekarten:

Abb. 7: Elisabethen Quelle, Ladenplakat 2006, Hassia Mineralquellen, Bad Vilbel, Agentur Ufer & Cie., Frankfurt

Auch hier wieder klare Headline, klare Aussage: Aufforderung und Gewinn. Abbildungen: Produkt, Key Visual aus der Kampagne, Gewinn. Auch die Teilnahmekarte ist einfach und arbeitet schnell.

Abb. 8: Elisabethen Quelle, Teilnahmekarte, 2006, Hassia Mineralquellen, Bad Vilbel, Agentur Ufer & Cie., Frankfurt

Abb. 9: hassia, Ladenplakat 2006, Hassia Mineralquellen, Bad Vilbel, Agentur Ufer & Cie., Frankfurt

Abb. 10: hassia, Teilnahmekarte 2006, Hassia Mineralquellen, Bad Vilbel, Agentur Ufer & Cie., Frankfurt

Dies sind nur einige Beispiele von vielen, die Sie selber bei Ihren Einkäufen so ganz nebenbei und bei Store-Checks[1] entdecken können. Als Vkf-Texter können Sie sich so viele Anregungen holen. Nehmen Sie am besten die Teilnahmekarten mit und archivieren Sie diese. So haben Sie immer wieder Anregungen und Vorbilder.

Die richtigen Händlergeschenke: „Das will ich haben!“

Natürlich können Sie die Ideen für Door-Opener, Händlergewinne, Dekoartikel und so weiter nicht aus dem Ärmel schütteln. Hilfreich bei der Ideenfindung sind:

- Kataloge der Werbemittellieferanten
- Homepages von Werbemittellieferanten
- Versandhauskataloge

Sie können sich auch in Geschäften mit ausgefallenen Geschenkartikeln inspirieren lassen. Wichtig ist, dass Sie wissen, was in ist. Schwimmen Sie auf Trendwellen mit. Nur mal ein Beispiel: In Zeiten ständig steigender Benzin-

1. Store-Check: Überprüfung von Produktpräsentation, -platzierung, Konkurrenzsituation, Aktionen im Handel

preise sind Benzingutscheine auf einmal ausgesprochen begehrt. Neue Technik kommt auch immer gut an, ebenso wie witzige Ideen, die es nicht in jedem Laden zu kaufen gibt.

Branding – Marke zeigen oder nicht

Viele Werbemittel können Sie branden lassen, also mit dem Marken- oder Firmenlogo versehen. Das macht sich sicher gut, wenn Sie zu Ihrem Bier das Modell eines Biertransporters als Door-Opener verschenken. Aber auf Textilien vom T-Shirt bis zum Badetuch wirkt ein dezent gesticktes Logo besser als ein groß aufgedrucktes. Ein hochwertiges Schreibgerät, das mit den Initialen des Händlers versehen ist, kommt besser an als eines mit dem Firmenlogo. Je hochwertiger und persönlicher ein Gewinn oder Händlergeschenk ist, desto dezenter sollte mit dem Branding umgegangen werden. Die große Ausnahme bilden Kultmarken wie zum Beispiel die lila Kuh von Milka und das Hirschgeweih von Jägermeister.
Die nachfolgende Checkliste fasst dieses Kapitel nochmals zusammen und hilft Ihnen bei Ihren Konzeptionen.

Checkliste – Händlermotivation auf die Schnelle

Jede Aktion braucht:

- eine Idee
- ein Motto
- ein Key Visual
- Zusatznutzen für die drei Zielgruppen Außendienst, Handel und Verbraucher
- Motivationsmaßnahmen für den Außendienst
- Reinverkaufsmittel für den Handel
- Abverkaufsmittel für den Verbraucher

Motivationen für den Handel:

- Door-Opener
- Händler-Mitgewinn
- Dekogeschenk
- Platzierungswettbewerb

Der Door-Opener sollte:
- zur Aktion und/oder zum Produkt passen
- Begehrlichkeiten auslösen: „Das will ich haben“
- leicht zu transportieren sein

Händlermitgewinn:
- Der Händler gewinnt, wenn sein Kunde gewinnt
- Der Preis für den Händler kann, aber muss nicht mit dem für den Kunden identisch sein.

Deko-Geschenk:
- unterstützt das Aktionsmotto und die Aktionsidee
- ist attraktiv
- macht die Platzierung lebendig
- löst beim Händler Begehrlichkeiten aus

Platzierungswettbewerb:
- macht die Teilnahme des Handels an der Vkf-Aktion zwingend notwendig
- deshalb: spannende Gewinne entwickeln

Aktionen am POS als Händlermotivation:
- Degustationsstände: nur für große Märkte
- Gewinnspiele am POS
- Instore-Verlosung
- Ladenplakat und Teilnahmekarte: Headline und Key Visual identisch

Door-Opener mit Branding, wenn
- es gut zur Aktion oder zum Produkt passt
- die Marke Kult ist

Übungen für starke Handelsmotivation

4.1 Ideen für Door-Opener

Schenken Sie dem Handel einen Door-Opener zu folgenden Aktionen:

a. Produkt: Radler
   Motto: **Ja, mir san mit'm Radl da …**
   Key Visual: Radler mit Radler auf dem Rad

b. Produkt: Gourmet-Fertigsoßen
   Motto: **Feingeschmeckt – jetzt jede Soße mit Probierlöffel**
   Key Visual: Pärchen, das probiert
c. Produkt: Energy-Riegel
   Motto: **Reinbeißen, abfahren, Navigationsgerät gewinnen**
   Key Visual: Typ im Auto, beißt in Riegel, Navi

4.2 Ideen für einen Händler-Mitgewinn

Was kann der Händler gewinnen, wenn seine Kunden gewinnen? Entwickeln Sie Ideen zu folgenden Aktionen:

a. Produkt: Hundefutter „Sportive"
   Motto: **Gewinnen Sie Sporturlaub mit Ihrem besten Freund!**
   Key Visual: Herr und Hund beim Mountainbiken
b. Produkt: Single Malt Whisky
   Motto: **1 Woche ins schottische Hochland!**
   Key Visual: Schottisches Hochland und Whisky
c. Weichspüler mit Frühlingsduft
   Motto: **Gewinnen Sie Blütenpracht für Garten und Balkon!**
   Key Visual: Blütenpracht und Weichspüler

4.3 Ideen für ein Dekogeschenk

Mit welchen Dekogeschenken erfreuen Sie den Händler?

a. Mixgetränke-Aktion für Likör, Deko?
b. Fitnessaktion für Fitnessdrink, Deko?
c. Urlaubsaktion für Schokoriegel, Deko?

4.4 Ideen für Gewinnspiele am POS

Entwickeln Sie Gewinnspiele am POS mit Motto, Key Visual (nur beschreiben) und Gewinn für folgende Produkte:

a. Katzenfutter „Gourmet"
b. Kaffeepads „Espresso"
c. Fruchtsaft „Reine Frucht"

4.5 Branding – Marke zeigen oder nicht

Bei welchen der folgenden Door-Opener beziehungsweise Gewinne würden Sie Marke zeigen?

a. Door-Opener: Longdrink-Glas zum Likör
b. Instore-Verlosung, Sofortgewinne: Fressnapf zum Hundefutter
c. Instore-Verlosung, Hauptgewinn: Mountainbike zum Fitnessdrink
d. Door-Opener: Fußballbuch zur Fußball-Aktion eines Schokoriegels

5. Der Salesfolder – damit verkaufen wir rein

Der Salesfolder ist das wichtigste Reinverkaufsinstrument. Er hilft dem Außendienst, die Aktion in logischer Argumentationsfolge an den Handel zu verkaufen. Viele Informationen müssen hier kurz, knapp und plakativ veranschaulicht werden und den Händler zu der wichtigen Schlussfolgerung führen: „Da mach ich mit, da order ich viel!"
Zielgruppe des Salesfolders sind Händler. Deshalb sind Salesfolder nicht öffentlich, das heißt, Sie als normaler Verbraucher bekommen einen Salesfolder gar nicht zu sehen. Plakate, Anzeigen, TV-Spots – damit kommen Sie täglich in Kontakt, aber Salesfolder gelangen nach Gestaltung und Produktion nur noch in die Hände von Außendienst und Handel. Ich freue mich, dass mir einige Werbeagenturen und Hersteller eine Reihe von Salesfoldern und Salesblättern für mein Buch zur Verfügung gestellt haben und dass ich Ihnen – eben weil Sie sie sonst nicht zu sehen bekommen – in diesem Kapitel einige interessante Arbeitsbeispiele zeigen kann.
Das Texten eines Salesfolders ist für jeden geübten Texter eine leichte Aufgabe. Wer einmal die Handelssprache, die beliebten Salesfolder-Redewendungen und den klassischen Salesfolder-Aufbau verinnerlicht hat, schreibt einen Salesfolder mit links. Und wenn Sie das noch nicht können, dann lernen Sie es jetzt hier.

Salesfolder oder Salesblatt – die Größe macht den Unterschied

Wie der Name schon sagt, ist der Salesfolder ein mehrseitiges Werk, während das Salesblatt eben nur aus einem Blatt besteht, das nur auf einer oder auch auf beiden Seiten bedruckt ist. Das Seitenformat beider Werbemittel ist gemeinhin DIN A4, weil sie so besser abzuheften sind. Ganz pragmatisch. Wenn Sie trotzdem mal ein anderes Format wählen wollen, weil es nun mal besser zur Aktion oder zum Produkt passt, scheuen Sie sich nicht, es

vorzuschlagen. Kreative Ideen sind immer willkommen und sollten nicht gleich vom Pragmatismus erschlagen werden.
Angenommen, Sie machen eine Aktion für eine Crêpe-Backmischung, diese köstlichen, hauchdünnen französischen Pfannkuchen, und schenken dem Händler als Door-Opener eine spezielle Crêpe-Pfanne. Dann ist es durchaus legitim, dass der Salesfolder rund ist, in der Pfanne liegt und aussieht wie ein leckerer Crêpe, als käme er direkt aus der Bretagne. Jetzt noch eine schöne Headline, die mit Frankreich und Pfanne daherkommt, und schon haben Sie einen gelungenen Salesfolder-Titel.
Das Salesblatt komprimiert alle Informationen auf ein bis zwei Seiten, was in den meisten Fällen völlig ausreicht. Der Handel will schnell und verständlich informiert werden. Aber auch wenn Sie so viele Facts unterbringen müssen, dass Sie vier oder sechs oder acht Seiten brauchen, dann schreiben Sie so kurz wie möglich.

Salesblatt und Salesfolder – am Anfang steht der Aufbau

Ein oder zwei Seiten für ein Salesblatt, das ist kein schwieriger Aufbau. Trotzdem hilft es, wenn Sie in Seiten denken und diese in Umrissen auf ein Blatt Papier zeichnen, wo Sie dann die Inhalte eintragen. Hier mal der Aufriss – so heißt das nämlich – eines zweiseitigen Salesblattes.

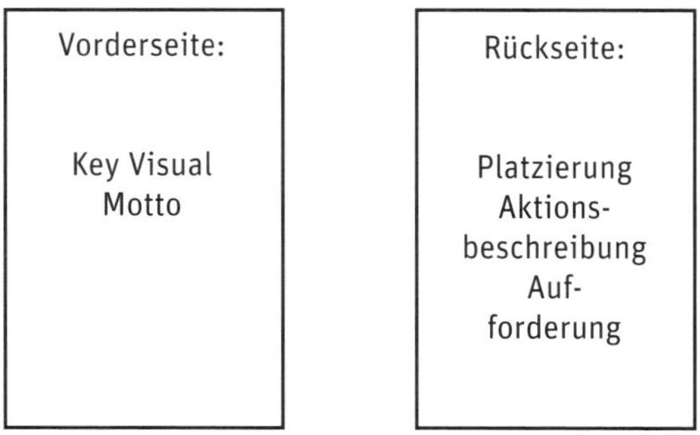

Das ist einfach, weil sehr überschaubar. Jetzt brauchen Sie nur noch die Seiten zu füllen.

Schwieriger wird es schon, wenn Sie einen umfangreicheren Salesfolder schreiben müssen. Auch hier hilft wieder der Aufriss.
Beginnen wir mit dem Vierseiter:

Händler-vorteile Auffor-derung - 4 -	Titelseite: Key Visual Motto - 1 -	Aktion Produkte - 2 -	Platzierung Werbung - 3 -

Beim Sechseiter ist zu beachten, dass es eine Einklappseite gibt. Das beeinflusst die Lesereihenfolge. Außerdem erzielen Sie mit einem aufgeklappten Sechsseiter eine gewisse Großzügigkeit: drei Innenseiten nebeneinander eignen sich für eine logische Argumentationsfolge oder für eine großformatige Abbildung.

Einklapp-seite - 5 -	Rückseite - 6 -	Titel - 1 -

Beim Sechsseiter ist ein Faltmuster hilfreich. Nehmen Sie einfach ein DIN-A4 Blatt und schneiden Sie es in der Mitte längs durch. Falten Sie eine Hälfte wie einen Sechsseiter. Dann erkennen Sie besser, wie sich die Einklappseite zu den Innenseiten verhält und wie die Leseabfolge verläuft.

1. Innenseite	2. Innenseite	3. Innenseite
- 2 -	- 3 -	- 4 -

Wenn Sie sich diesen äußeren Aufbau klargemacht haben, können Sie mit der inhaltlichen Aufteilung beginnen. Wobei das ganz einfach ist, denn erstens sind die Inhalte für einen Salesfolder genau vorgegeben und zweitens folgt der Salesfolder-Aufbau meistens einer bestimmten Gesetzmäßigkeit.

Titelseite:	Motto Key Visual
Innenseiten:	Produkt – wenn es sich um ein neues oder einen Produkt-Relaunch[1] handelt Aktionsbeschreibung Aktionsplatzierung Werbemittel Werbeunterstützung: Anzeigen, Funk und TV mit Schaltplan, Medien und Kontakte
Rückseite:	Vorteile für den Handel, Aufforderung, zu ordern und bei der Aktion mitzumachen

Dieser Aufbau soll eine Hilfestellung sein. Er kann sich von Fall zu Fall ändern. Bei manchen Salesfoldern kommen die Platzierung und die Werbemittel auf die Rückseite, weil man von da aus gleich zur Orderaufforderung kommt.

---

1. Relaunch: verstärkter Werbeeinsatz für ein schon länger auf dem Markt befindliches Produkt, geht häufig mit einer Packungs- und/oder Produktänderung einher

Beispiel aus der Praxis: Gutfried-Salesfolder zur Fußball-WM-Aktion 2006

Abb. 11: Gutfried Bratwurst-Aktion 2006, Salesfolder, Agentur Ad & Vision, Dreieich

Zentrales Werbemittel dieser Aktion waren Eckfeldanzeigen auf der Titelseite der *Bild-Zeitung*. Da hat sich dann das Kreativteam der Agentur Ad & Vision den Spaß gemacht, den Salesfolder zumindest auf der Titelseite in Text, Typografie und Layout dem Stil des Boulevardblatts anzupassen.

Die wichtigsten Elemente und Botschaften:

- aus Bild wird Bald
- Sportreporter Johannes B. Kerner ist Spielmacher der Aktion
- Aktionszeitraum
- Aktions-Produkte (Bratwurst) mit Aktionsaufkleber

Die Titelseite weicht vom üblichen Salesfolder-Einerlei ab und schafft beim Handel sicher Sympathie für die Aktion und das Produkt.

Abb. 12: Gutfried Bratwurst-Aktion 2006, Salesfolder, Agentur Ad & Vision, Dreieich

Die Innenseiten sind jetzt nicht mehr im *Bild-Zeitungs-Stil* gehalten. Hier soll nichts mehr vom eigentlichen Anliegen des Salesfolders ablenken: die Aktion vorstellen und in den Handel reinverkaufen.

Die Headline stellt das Mega-Event des Jahres auf gleiche Stufe mit der Bratwurst-Aktion des Jahres. Auf der linken Seite wird die Aktion vorgestellt: Zugabeaktion mit einem Coupon auf allen Gutfried-Bratwurstpackungen während des Aktionszeitraums. Jede Aktionspackung ist mit einem Aufkleber mit Bestellcode versehen. Den Code kann man übrigens nur lesen, wenn man die Packung aufmacht. Ohne Kaufen geht's also nicht. Mit dem Bestellcode kann man sich per Internet, Postkarte oder Telefon ein Fußball-WM-Buch mit dem passenden Wimpel bestellen.

Auf der rechten Seite geht es nochmals um die Anzeigenserie in der *Bild-Zeitung*. Wichtig ist der Hinweis: über 50 Millionen Kontakte. Das bedeutet, mit dieser Anzeigenserie werden über 50 Millionen potentielle Gutfried-Bratwurst-Käufer erreicht. Diese Zahl ist für den Handel wichtig, bedeutet sie doch für ihn einen Erfolg versprechenden Abverkauf.

Abb. 13: Gutfried Bratwurst-Aktion 2006, Salesfolder, Agentur Ad & Vision, Dreieich

Auf der Rückseite des Salesfolders werden die Verkaufsförderungsmittel, die am POS die Aktion unterstützen, vorgestellt. Die Sprache nimmt Bezug auf das Fußball-Thema, verspricht einen siegreichen Abschluss und macht die Werbemittel zu einem starken Team.

Insgesamt ein klassischer Salesfolder und ein gutes Reinverkaufsinstrument für den Außendienst mit einem logischen Aufbau, guten Argumenten, kurz und prägnant und dazu noch mit einer Titelseite, die Sympathie schafft.

Schladerer: Geistvolle Salesblätter

Abb. 14: Alfred Schladerer GmbH, Staufen, Salesblatt 2006, Agentur Werbung etc. Stuttgart

Wer kennt sie nicht, die feinen Geiste von Schladerer. So fein sind dann auch die Aktionen, mit denen der anspruchsvolle Spirituosenhersteller auf sich aufmerksam macht.

Eine Seite und alles drauf. Ein klares Salesblatt, das dennoch nicht einer gewissen Atmosphäre entbehrt und den Geist des Kirschwassers sympathisch an den Händler bringt.

Sehr schön die Headline: **Mit Schladerer floriert Ihr Umsatz!**

Geht es hier doch um ein Gewinnspiel, bei dem es 111 Kirschbäume aus dem Schwarzwald zu gewinnen gibt.

Deshalb heißt es im Flash zur Teilnahmekarte: **Von Schladerer blüht Ihnen Gutes.**

Auch den Text möchte ich Ihnen nicht vorenthalten, erklärt er doch ausgesprochen sympathisch und zum Produkt passend die Aktion. Meine Anmerkungen lesen Sie kursiv in Klammern.

Jetzt mitmachen bei der Schladerer Kirschblüten-Aktion!

(der Texteinstieg, fett gedruckt. Infinitiv-Satz als Aufforderung) Frühlingszeit – Kirsch(en)zeit! Genau der richtige Moment, Schladerer Obstbrände charmant und abverkaufsstark *(ein beliebtes Wort in der Salesfoldersprache)* zu platzieren – und eine günstige Gelegenheit, von der Nachfrage zu profitieren. Mit der Schladerer-Kirschblüten-Aktion „Von Schladerer blüht Ihnen Gutes" bieten wir Ihren Kunden attraktive Gewinne – und Ihnen blühende Zusatz-Umsätze! *(zum Schluss noch mal der Vorteil für den Handel in einer Wortwahl, die zur Aktion passt)*

(im roten Flash wird kurz die Aktion erklärt)

Die Schladerer Kirschblüten-Aktion:
(Der Aktionstitel als Zwischenheadline)

- Aktionsmotto „Von Schladerer blüht Ihnen Gutes"
- Attraktives Gewinnspiel
- Alle richtigen Einsendungen nehmen an der Verlosung von 111 Schladerer Kirschbäumen aus dem Schwarzwald teil

(und neben den Platzierungen die Verkaufsförderungsmittel)

Die Mittel zum Verkaufserfolg
(ergebnisorientierte Headline – der Erfolg ist schon sicher)

- Aufmerksamkeitsstarke *(eines der beliebtesten Wörter der Salesfoldersprache)* 30er und 60er Displays zur Zweitplatzierung
- Teilnahmekarten für das Gewinnspiel

Insgesamt ein klassisches Salesblatt, das sehr sympathisch, übersichtlich und prägnant die Aktion verkauft. In einer Sprache, die der Handel versteht, mit Argumenten, die er nachvollziehen kann.

Das Schladerer Salesblatt mit der Extra-Portion Umsatz

Abb. 15: Alfred Schladerer GmbH, Staufen, Salesblatt 2006, Agentur Werbung etc. Stuttgart

Auch hier steht wieder komprimiert auf einer Seite eine ganze Aktion mit Motto, Platzierung, Zusatznutzen für den Verbraucher und starken Handelsargumenten. Ganz klar die Headline: **Schladerer sorgt für eine Extra-Portion Umsatz!** Extra-Portion nimmt Bezug auf das zentrale Aktionsmittel, den Ritzenhoff-Portionierer als Zugabe.

Der Text zum Nachlesen und als Anregung für Ihre Arbeit, meine Anmerkungen wieder kursiv in Klammern:

Profitieren Sie von der Schladerer-Portionierer-Aktion!

(Hier also der Imperativ)
Jetzt als Gratis-Zugabe bei jeder Flasche Schladerer: ein Original Ritzenhoff-Portionierer, aufwändig handgearbeitet und liebevoll verziert. „Genuss für Gaumen und Auge" – ein echtes Sammlerstück für Liebhaber, das den Kaufimpuls *(wichtiges Wort in der Salesfoldersprache)* bei Ihren Kunden weckt.

Die Schladerer-Portionierer-Aktion

(Der Aktionstitel als Zwischenheadline)

- Aktionsmotto „Genuss für Gaumen und Auge“
- Original Ritzenhoff-Portionierer als attraktive Zugabe in drei verschiedenen Motiven

Die Mittel zum Verkaufserfolg
- Aufmerksamkeitsstarke 30er Displays zur Zweitplatzierung
- Portionierer und Auslobung an jeder Flasche auf dem 30er Display

Fazit nach diesen beiden Salesblatt-Texten: Wenn Sie es einmal raushaben, wie ein Salesblatt oder auch ein Salesfolder aufgebaut sind und welches Wording gewünscht ist, schütteln Sie so etwas aus dem Ärmel. Salesfolder-Texten, nicht gerade des Texters Liebling, aber eine einfache Übung.
Ein gutes Beispiel für ein zweiseitiges Salesblatt kommt von hassia. Der Sprudel aus Bad Vilbel fährt seit Jahren eine Kampagne mit dem Titel „Tour de Natur“. Ein Motto, das sich in allen Werbe- und Verkaufsförderungsmitteln wiederfindet.
Das folgende Salesblatt verkauft komprimiert auf zwei Seiten eine sehr komplexe Promotion mit verschiedenen Preisen und Gewinnmechaniken, einer ganzen Reihe von Vkf-Mitteln und einer starken Mediaunterstützung. Die gesamte Sprache ist typisch für einen Salesfolder, für den Handel verständlich und leicht nachzuvollziehen.

Vorderseite:
Headline: **hassia. Tour de Natur.**
Subline: **So schnell können Absatzträume wahr werden.**
Die Headline wiederholt das beim Handel seit Jahren bekannte Kampagnenmotto und schafft so Vertrautheit. Die Kampagne und die dazugehörigen jährlichen Aktionen sind beim Handel als gute Umsatzbringer bekannt.
Die Subline schließlich nennt den Vorteil, den der Handel von der Aktion hat: **Umsatzträume werden wahr.**
Abgebildet ist das Key Visual, wie es auf allen Werbe- und Verkaufsförderungsmitteln erscheint. Als Flash der Hauptgewinn der Aktion, dann noch der Aktionszeitraum – kurz: alle wichtigen Informationen prägnant und plakativ auf einen Blick.

Abb. 16: hassia, Salesblatt 2006, Hassia Mineralquellen, Bad Vilbel, Agentur Ufer & Cie., Frankfurt

Abb. 17: hassia, Salesblatt 2006, Hassia Mineralquellen, Bad Vilbel, Agentur Ufer & Cie., Frankfurt

Die Headline **Fahren Sie zusätzliche Abverkäufe mit hassia ein!** nimmt Bezug auf den Hauptgewinn, ein Auto, und verspricht Verkaufserfolg. Die Subhead Traumhafte Gewinne wecken Kauflust verspricht dem Handel Kunden, die gerne kaufen. Im folgenden Text werden kurz und knapp die einzelnen Aktionsmittel aufgezählt. Auch die Mediaunterstützung darf nicht fehlen:

Starke Mediapower

- Funkspots auf frequenzstarken Sendern
- flächendeckende Großflächenplakatierung
- 12 Millionen hassia-Etiketten mit Promotion-Hinweis
- Massive PR und passender Internetauftritt

Als zusätzliche Händlermotivation fungiert eine Instore-Verlosung, bei der es direkt am POS wertvolle Standhängematten zu gewinnen gibt.

Das Salesblatt Bärenmarke – Zugabeaktion mit Produktargumentation

Abb. 18: Allgäuer Alpenmilch GmbH, Salesblatt Bärenmarke Cappuccino-Schaum 2006, Agentur Domino Werbung & Kommunikation, Damflos

Der bekannte und beliebte Bärenmarke-Bär ist auch in der Verkaufsförderung die Leitfigur. Wir sehen ihn auf dem Salesblatt-Titel zur Headline: **Heißer Umsatz für die kalte Jahreszeit.**

Doch der Hero ist hier das Produkt, der Cappuccino-Schaum. Auf der Rückseite erfahren wir dann, mit welcher Aktion Bärenmarke in den Handel kommt.

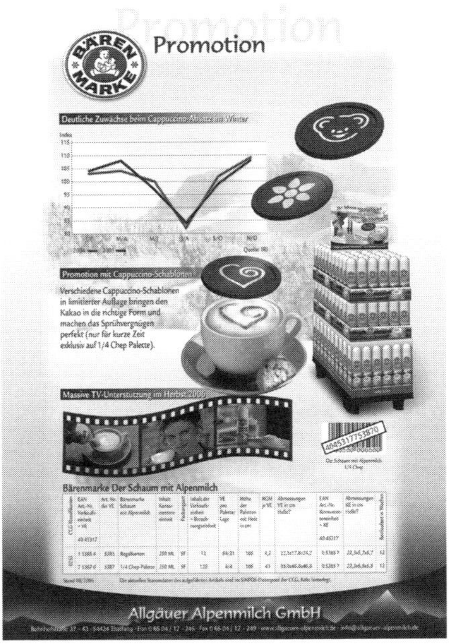

Abb. 19: Allgäuer Alpenmilch GmbH, Salesblatt Bärenmarke Cappuccino-Schaum 2006, Agentur Domino Werbung & Kommunikation, Damflos

Die Headline sagt einfach nur **Promotion** und weiter geht es mit der Vorstellung der Aktion.
Wichtigstes Argument ist hier das Produkt an sich, das im Winter besonders gut verkauft. Nach einem saisonal bedingten Umsatztief im heißen Sommer ist in der kalten Jahreszeit mit verstärktem Cappuccino-Genuss und damit mit einem schönen Umsatzzuwachs beim Bärenmarke Cappuccino-Schaum zu rechnen. Die Tabelle zeigt das klar und deutlich, der Handel versteht es sofort.
Promotion-Idee ist die Kakaoschablone als Zugabe zum Produkt, das verkaufsaktiv und Platz sparend auf der Viertelpalette mit sympathischem Topschild präsentiert wird.
Eine weitere starke Argumentation liefert die Fernsehwerbung:
Massive TV-Unterstützung im Herbst 2006.

Die Salesfoldersprache: So überzeugen Sie den Handel

Der Salesfolder ist das wichtigste Reinverkaufsinstrument. Wenn die Argumente im Salesfolder zwingend sind und den Handel überzeugen, dann kann eigentlich schon gar nichts mehr schiefgehen. Im Folgenden nun ein paar Tipps für einen sprachlich gelungenen Salesfolder.

Verkaufserfolg – das Versprechen muss sein

Den Handel interessieren drei Dinge: verkaufen, verkaufen und nochmals verkaufen. Das versprechen Sie ihm mit folgenden Worten:

- mehr
- besser
- höher
- stark
- Abverkauf
- Umsatz
- Rausverkauf
- Zusatzabsätze

Wichtig ist auch, dass sich ein Produkt schnell verkauft. Dann sprechen Sie von

- hoher Umschlaggeschwindigkeit
- schnellem Umschlag
- hoher Nachfrage
- Schnelldreher

Wenn sich das Produkt schnell dreht, dann muss der Handel aufpassen, dass seine Kunden nicht bald vor leeren Regalen stehen. Sagen Sie deshalb:

- Lassen Sie keine Vorratslücken aufkommen
- Bevorraten Sie sich rechtzeitig

Und natürlich möchte der Handel nicht nur gut und schnell verkaufen, sondern auch daran verdienen. Die Wortwahl dafür:

- satter Gewinn
- interessante Handelsspanne
- hohe Margen

Umsatz und Gewinn – die sprachliche Verpackung bringt's

Jetzt dürfen Sie kreativ sein. Statt einfach von einem besseren Umsatz und höherem Abverkauf zu sprechen, lassen Sie sich von der Aktion und allem, was damit zu tun hat, inspirieren.

1. Verwandeln Sie das Aktionsmotto:
   Das Motto: **Von Schladerer blüht Ihnen Gutes**
   Die Salesfolder-Headline: **Mit Schladerer floriert Ihr Umsatz**
   Machen Sie mehr aus der Zugabe:
2. Die Zugabe: **Der Ritzenhoff-Portionierer**
   Die Salesfolder-Headline: **Schladerer sorgt für eine Extra-Portion Umsatz!**
3. Auch das Aktionsthema liefert kreative Umsetzungen:
   Thema der Gutfried-Bratwurst-Aktion: **Fußball-WM 06**
   Ausdrücke im Salesfolder: **Spielmacher, siegreicher Abschluss, starkes Team, Stars zur Fußball-WM**
4. Der Verbrauchergewinn als Headline-Lieferant:
   Gewinn bei der hassia-Promotion: **Fiat Croma**
   Headline im Salesfolder: **Fahren Sie zusätzlich Abverkäufe mit hassia ein.**

Das Produkt selbst kann inspirieren:
Produkte im hassia-Folder: **Erfrischungsgetränke**
Headline im Salesfolder: **Erfrischende Umsätze mit markenspezifischen Promotionkonzepten.**

Die Kunden – sie machen den Verkaufserfolg

Die Kunden müssen ins Geschäft kommen, die Aktion wahrnehmen und gut finden. Dann kaufen sie auch das Produkt, die Aktion funktioniert, der Verkaufserfolg stellt sich ein, der Umsatz steigt und die Kasse klingelt. Deshalb steht in vielen Salesfoldern, dass die Aktion erfolgreich sein wird und wie sie beim Kunden ankommt. Die Aktionsmittel werden Erfolg versprechend beschrieben und der Hinweis auf die unterstützende Werbung überzeugt. Auch dafür gibt es beliebte Worte und Ausdrücke, die vom Handel gelernt und deshalb schnell verstanden werden:

- Kaufimpulse
- verkaufsaktiv
- Nachfrage erzeugen
- Kontakte schaffen
- attraktives Gewinnspiel
- aufmerksamkeitsstarkes Display
- Kaufakte hervorrufen
- Werbung, die Kunden in Ihr Geschäft bringt

Nicht nur der vordergründige, kurzfristige Verkaufserfolg ist für den Handel ein starkes Argument. Auch die Gewinnung neuer Kunden und die Bindung alter Kunden an das Geschäft sind wichtig. Wenn es zutrifft, sprechen Sie deshalb im Salesfolder auch von:

- Kundenbindung
- Neukundengewinnung

Umsatz ja – aber bitte keine Arbeit

Der Handel möchte Umsatz machen, Gewinn, Zusatzumsatz, Kunden binden und so weiter. Er möchte verkaufsaktive Aktionen fahren und attraktive Gewinne verlosen. Aber er möchte keine Arbeit damit haben. Oder zumindest nicht mehr als nötig.
Deshalb ist es ganz wichtig, Aktionen so zu konzipieren, dass sie für den Handel leicht umzusetzen sind. Und darauf sollte im Salesfolder auch hingewiesen werden, wie in dem hassia-Mineralquellen-Salesfolder mit dem Titel **KIP Kundenindividuelle Promotions am POS,** den die Agentur Ufer & Cie. in Frankfurt gemacht hat und aus dem ich Ihnen schon Instore-Verlosungen im Kapitel 4 vorgestellt habe:

• Einfaches Handling:

Das jeweilige Promotionpaket wird komplett mit allen erforderlichen Werbemitteln inkl. der Gewinne von uns kostenlos bereitgestellt. Es ist leicht im Handling und mit wenigen Handgriffen am POS einsatzbereit.

Bitte keine Platzverschwendung

Wie am Anfang des Kapitels deutlich gemacht, ist der Platz im Handel knapp. Deshalb ist es immer gut, sich bei allen Aktionen auf Platz sparende Aktionsmittel und Platzierungen zu besinnen. Und das wird dann so im Salesfolder argumentiert:

- geringer Platzbedarf, hoher Umsatz
- kleine Stellfläche, großer Gewinn

Sehr schön lässt sich hier ein Gegensatz schaffen, der sinngemäß sagt: wenig Einsatz, viel Umsatz.

Checkliste für geübte Salesfolder-Schreiber

Der Umfang – weniger ist mehr
- Salesblatt: ein oder zwei Seiten
- Salesfolder: vier, sechs oder acht Seiten, selten länger

Der Aufbau – machen Sie einen Aufriss
- Zeichnen Sie die Umrisse der Seiten auf.
- Legen Sie darin mit Stichworten die Inhalte fest.
- Für den Sechsseiter empfiehlt sich ein Faltmuster, um die Lesefolge klarzumachen.

Inhalte des Salesfolders
- Aktionsmotto
- Aktionsbeschreibung
- Vorteile für den Handel
- Verkaufsförderungsmittel
- unterstützende Werbung
- Aufforderung
- Produkt – bei neuem Produkt oder Relaunch
- Produktvorteile
- Markt und Marktchancen des Produkts

Die Salesfoldersprache
Verkaufserfolg:
- mehr

- besser
- höher
- stark
- Abverkauf
- Umsatz
- Rausverkauf
- Zusatzabsätze

Schneller Verkauf des Produkts:
- hohe Umschlaggeschwindigkeit
- schneller Umschlag
- hohe Nachfrage
- Schnelldreher
- das Produkt dreht sich schnell
- Lassen Sie keine Vorratslücken aufkommen
- Bevorraten Sie sich rechtzeitig

Gewinn und Verdienst:
- satter Gewinn
- interessante Handelsspanne
- hohe Margen

Unterstützende Werbung:
- Kaufimpulse
- verkaufsaktiv
- Nachfrage erzeugen
- Kontakte schaffen
- attraktives Gewinnspiel
- aufmerksamkeitsstarkes Display
- Kaufakte hervorrufen
- Werbung, die Kunden in Ihr Geschäft bringt

Die Kunden des Handels:
- Kundenbindung
- Neukundengewinnung

Umsatz ohne Arbeit:
- einfaches Handling

- komplett vorbereitet
- schnell aufzubauen
- Komplettaktion

Wenig Platz:
- geringer Platzbedarf, hoher Umsatz
- kleine Stellfläche, großer Gewinn

Salesfoldersprache kreativ umgesetzt
Das kann Sie inspirieren:
- Aktionsmotto
- Zugabe
- Aktionsthema
- Verbrauchergewinn
- Produkt selbst

Übungen für erfolgreiche Salesfolder-Texter

Lösungsvorschläge finden Sie im Anhang.

5.1 Texten Sie anschaulicher
Mit Wortspielen verkauft der Salesfolder besser. Lassen Sie sich inspirieren:

a. Verwandeln Sie das Aktionsmotto:
   Das Motto: **Scharfe Gewinne mit Hot Chili!**
   Schreiben Sie die Salesfolder-Headline zum Umsatz:
b. Machen Sie mehr aus der Zugabe:
   Die Zugabe: **Cocktail-Rezepte zum Likör**
   Die Salesfolder-Headline zu Umsatz und Gewinn:
c. Auch das Aktionsthema liefert kreative Umsetzungen:
   Aktionsthema: **Skispringen, 3-Schanzen-Tournee**
   Verwenden Sie das Aktionsthema für Ausdrücke im Salesfolder:
d. Der Verbrauchergewinn als Headline-Lieferant:
   Gewinn: **Segeltörn durch die Karibik**
   Headline im Salesfolder:
e. Das Produkt selbst kann inspirieren:
   Produkt: **Katzenfutter „Gourmet“**
   Headline im Salesfolder zum Thema Anzeigenwerbung:

5.2 Thema Umsatz und Gewinn

Schreiben Sie Headlines und verwenden Sie dazu Ausdrücke, die Verkaufserfolg, Nachfrage, Zusatzabsatz, Aufmerksamkeit versprechen.

a. Produkt: Hundefutter „Sportive“
   Aktion: Sportlicher Urlaub für Herr und Hund zu gewinnen
b. Produkt: Likör
   Aktion: Mix-Aktion, Cocktail-Rezepte als Zugabe
c. Produkt: Radler
   Aktion: Instore-Verlosung, Mountainbike

5.3 Thema Kunden

Schreiben Sie Salesfolder-Headlines mit Versprechen wie Kundenbindung, Kunden ins Geschäft bringen, Nachfrage erhöhen:

a. Produkt: Hundefutter „Sportive“
   Thema: Werbung in TV, Funk und Zeitschriften
b. Produkt: Likör
   Thema: Zugaben Cocktail-Rezepte
c. Produkt: Radler
   Thema: Instore-Verlosung, Mountainbike

5.4. Thema Umschlaggeschwindigkeit

Schreiben Sie Salesfolder-Headlines mit Versprechen wie hohe Umschlaggeschwindigkeit, schneller Umschlag, hohe Nachfrage, Schnelldreher.

a. Produkt: Hundefutter „Sportive“
b. Produkt: Likör
c. Produkt: Radler

5.5 Thema Handling

Schreiben Sie Salesfoldertexte mit dem Versprechen, dass die Aktion viel Umsatz bringt und wenig Arbeit macht.

a. Produkt: Hundefutter „Sportive“, Palettenplatzierung
b. Produkt: Likör, Verkaufsdisplay
c. Produkt: Radler, Palettenplatzierung

5.6 Thema Verkaufsförderungsmittel

Schreiben Sie kurze Texte zu den Verkaufsförderungsmitteln.

a. Regalstopper
b. Palettenplatzierung

c. Verkaufsdisplay

5.7 Strukturieren Sie einen Salesfolder

Folgende Inhalte sollen in einen Salesfolder. Machen Sie dazu einen Seitenaufbau mit Inhaltsangabe, keine Headlines. Entscheiden Sie selbst, ob Sie für die Inhalte ein zweiseitiges Salesblatt oder einen vier beziehungsweise sechsseitigen Salesfolder benötigen.

Produkt:	Hundefutter „Sportive“
Aktion:	Gewinnspiel
Gewinn:	1 Woche Sporturlaub mit dem besten Freund
Vkf-Mittel:	Palettenplatzierung, Top-Schild, Regalstopper für die Stammplatzierung, Dispenser mit Teilnahmekarten
Werbung:	Anzeigen in Publikumszeitschriften TV-Spots Internetauftritt in allen Werbemitteln Hinweis auf den Handel
Händler-Vorteil:	Händlermitgewinn, 1 Wochenende Wellness für 2

5.8 Jetzt geht’s aufs Ganze

Texten Sie einen vierseitigen Salesfolder nach folgenden Vorgaben. Entwickeln Sie zuerst den Seitenaufbau und schreiben Sie dann die Texte.

Produkt:	Kaffeepads „Espresso“
Aktion:	Zugabeaktion
Zugabe:	zwei Packungen kaufen, eine Pad-Dose geschenkt
Vkf-Mittel:	Display mit Aktionsware, Top-Schild, Regalstopper für die Stammplatzierung
Werbung:	Anzeigen in Publikumszeitschriften Funkspots Internetauftritt In allen Werbemitteln Hinweis auf den Handel
Händler-Vorteil:	Kaffeepad-Maschine für Degustation – die Maschine kann der Händler nach der Aktion behalten

6. Der Verbraucher – mit dem Zusatznutzen zusätzliche Kaufanreize schaffen

Gewinnen Sie eine Weltreise! Werden Sie Millionär! Holen Sie sich den heißen Preis! Machen Sie mit! Sammeln Sie Treuepunkte! Jetzt zu jeder Flasche Sekt ein Sektglas! Rubbeln und gewinnen! Fünf Pakete Nudeln kaufen und ein Glas Tomatensoße kostenlos! Jetzt Sammelfußballbilder in jedem Schokoriegel!
Das alles sind Vorteile und Zusatzanreize, die mit dem eigentlichen Produkt so gut wie nichts zu tun haben. Sicher, das Sektglas ist mit dem Logo der Sektmarke gebrandet, die Tomatensoße passt zu den Nudeln und die Fußballbilder lösen bei der Zielgruppe des Schokoriegels Begehrlichkeiten aus. Aber alle diese zusätzlichen Anreize sind eben zusätzlich zum Produkt entstanden. Ob Gewinnspiel, Treueaktion, Zugabe oder Rubbellos – sie alle sollen dem Verbraucher zusätzliche Gründe liefern, das Produkt zu kaufen. Und das funktioniert meistens auch.
Je attraktiver der Preis beim Gewinnspiel, je spannender die Gewinnspielmechanik, je trendiger oder wertvoller die Zugabe, je größer der Sammeleffekt und die Begehrlichkeit bei der Zugabe, desto höher die Verkaufszahlen. Das bedeutet für Sie als Vkf-Texter: je besser Ihre Idee, desto erfolgreicher sind Sie selbst.

Die Zusatzanreize – Verstärkung für das Produkt

Ein schlechtes Produkt lässt sich durch einen noch so guten Zusatzanreiz nicht besser verkaufen, davon sollten Sie ausgehen. Ein gutes Produkt jedoch erhält durch den zusätzlichen Nutzen wichtige Impulse. Der Markt ist gesättigt und übervoll mit Me-too-Produkten.[1] Eine Möglichkeit, sich von den anderen gleichartigen Produkten abzugrenzen – zumindest für den kurzen Zeitraum einer Aktion –, sind Zusatznutzen. Außerdem hat der

1. Me too kommt aus dem Englischen und heißt „ich auch“. Ein Me-too-Produkt ist also eines, das anderen gleicht

zusätzliche Anreiz natürlich auch die Aufgabe, kurzfristig den Verkauf des Produkts zu fördern.

Mögliche Zusatznutzen:

- **Gewinnspiel/Preisausschreiben:** Starke Gewinne kurbeln den Verkauf an.
- **Wettbewerbe:** Das Produkt wird zum Förderer von Talenten – hier darf man zeigen, was man kann.
- **Zugaben/On-Pack-Aktionen:** Das will ich haben, deshalb kaufe ich das Produkt.
- **Treueaktionen:** Wer seinem Produkt treu bleibt, wird belohnt.
- **Self-Liquidating-Offer**:[1] Tolle Sachen, supergünstig, werten das Produkt auf.
- **Geldzurück:** Kauf ohne Risiko, denn bei Nichtgefallen gibt's den Kaufpreis zurück.

Bei diesen Zusatznutzen gibt es natürlich viele verschiedene Spielarten, für deren Konzeption Sie ihrer Kreativität freien Lauf lassen dürfen.

Gewinnspiele – spielerisch Gewinn machen

Ob Gewinnspiel oder Preisausschreiben, hier gewinnen auf jeden Fall alle. Der Händler, weil er mehr rausverkauft, der Hersteller, weil er mehr reinverkauft und die Verbraucher, weil tatsächlich einige von ihnen die ausgelobten Preise gewinnen.
Auch hier empfehle ich Ihnen wieder, mit offenen Augen und Ohren durch die bunte Werbewelt zu gehen. In den Geschäften finden Sie allenthalben Gewinnspiele auf Ladenplakaten und Teilnahmekarten, in den Zeitschriften Anzeigen mit Preisausschreiben, in Funkspots werden Supergewinne ebenso ausgelobt wie in der Fernsehwerbung. Überall finden Sie Anregungen, am meisten sicherlich im Handel, am bequemsten im Internet – aber das ist ein anderes und großes Kapitel.

---

1. Self-Liquidating-Offer, engl., sind Produkte, die nicht mit dem eigenen Produkt konkurrieren, dieses vielmehr aufwerten und zum Selbstkostenpreis an den Verbraucher abgegeben werden

Im Folgenden stelle ich Ihnen eine schöne runde Gewinnspielaktion vor. Rund, weil wirklich alles aus einem Guss, die Idee spannend und die Spielmechanik außergewöhnlich ist.

Die Gutfried Scrabble-Aktion

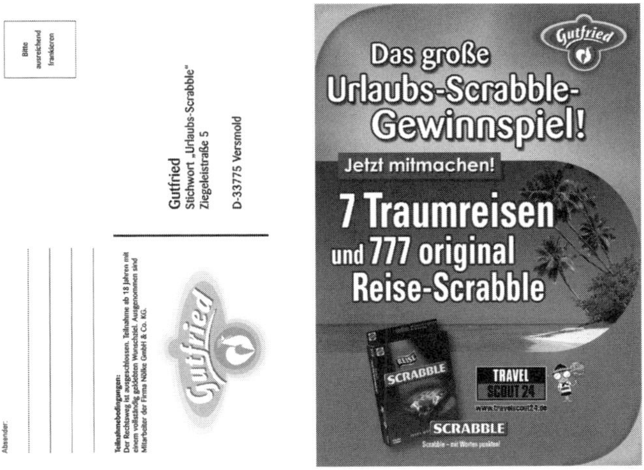

Abb. 20/21: Gutfried Scrabble-Aktion 2005, Teilnahmekarte, Agentur Ad & Vision, Dreieich

Motto der Aktion: **Das große Urlaubs-Scrabble-Gewinnspiel!**
Kooperationspartner: Mattel und Travel Scout24
Gewinne/Preise: 7 Traumreisen und 777 Original Reise-Scrabble.
Interessant ist hier die Gewinnspielmechanik, die sich am besten mit dem Text der Teilnahmekarte erklärt:

Mit Gutfried geht's Ihnen gut, und vielleicht bald noch besser!

Scrabbeln Sie sich mit Gutfried in den Traumurlaub!
Auf jeder Gutfried-Packung finden Sie jetzt einen Scrabble-Buchstaben. Sammeln Sie die Buchstaben Ihres Traumziels von TravelScout24 und gewinnen Sie 1 von 7 traumhaften Urlaubsreisen. Zur Auswahl stehen Ihnen: Dubai, Thailand, Kenia, Gran Canaria, Zypern, Teneriffa und Tunesien. Zu gewinnen gibt's jeweils 1 Woche für 2 Personen inkl. Direktflug ab/nach Deutschland und Unterkunft in einem 4-Sterne-Hotel.

Und das ist noch nicht alles:
Unter allen Einsendern verlosen wir zusätzlich je 1 von 777 Original Mattel-Reise-Scrabble.

So geht's:
Mit den Gutfried-Packungen kommen Sie zu den Buchstaben Ihres Wunschziels. Z.B.: ein K, ein E, ein N, ein I und ein A für K-E-N-I-A. Buchstaben aus dem Aufkleber auf der Packungsvorderseite ausschneiden, nebeneinander auf die Teilnahmekarte oder eine Postkarte kleben und bis zum 31.12.2005 einsenden an:
Gutfried
Stichwort „Urlaubs-Scrabble"
Ziegeleistr. 5
D-33775 Versmold
Oder schicken Sie uns die Namen Ihrer drei Lieblingsprodukte und Ihr Wunschziel auf einer Postkarte an o. g. Adresse.
Tipp: Versenden Sie die Postkarte am besten in einem geschlossenen Umschlag, sodass keiner Ihrer Buchstaben auf dem Weg zu uns verlorengeht, denn nur jede vollständig gescrabbelte Karte bringt Sie Ihrer Traumreise etwas näher.

Ganz schön viel Text für so eine kleine Karte! Das ist die Kunst des langen Textes bei wenig Platz. Alles muss klar und deutlich erklärt werden, juristisch einwandfrei sein und dazu noch zum Mitmachen auffordern.
Natürlich gibt es für die Teilnahmekarte auch einen Dispenser. Mit der einfachen Aufforderung „Jetzt losscrabbeln!" bringt er die Karten an die Leute.

Abb. 22: Gutfried Scrabble-Aktion 2005, Dispenser mit Teilnahmekarten, Agentur Ad & Vision, Dreieich

Während des Aktionszeitraums gab es auf jeder Gutfried-Aktionspackung einen Sticker mit Aufforderung, Motto, Koop-Partnern und mit einem Gewinnbuchstaben, gestaltet im Stil der Scrabble-Spielsteine.
Der Scrabble-Buchstabe auf dem Sticker ist wertvoll. Denn ihn braucht man unbedingt, wenn man gewinnen will. Und zwar nicht nur den einen, nein, gleich mehrere sind vonnöten, um eine Traumreise oder auch nur ein Reise-Scrabble zu ergattern. Also muss man so viele Packungen kaufen, wie man Buchstaben benötigt. Wer unbedingt nach Tunesien möchte, kauft acht Packungen, Kenia oder Dubai gibt es dagegen schon für fünf Packungen und Gran Canaria ist mit elf Buchstaben für echte Gutfried-Fans kein Problem.

Die Aktion löst hier also gleich mehrere Aufgaben mit Bravour:

- **interessantes Gewinnspiel** mit spannender Spielmechanik
- **Reinverkauf** in den Handel
- **Abverkauf** an den Verbraucher, der ja Buchstaben sammeln und deshalb Packungen kaufen muss.
- **attraktive Gewinne**
- **Kooperationspartner**, die die Gewinne finanzieren

(Das Thema Koop-Aktion werden wir im entsprechenden Kapitel vertiefen.)

Abb. 23/24: Gutfried Scrabble-Aktion 2005, Packung und Sticker, Agentur Ad & Vision, Dreieich

Gewinnspielmechaniken – nutzen Sie den Spieltrieb!

Die Scrabble-Aktion hat eigentlich gar nichts mit Geflügelwurst zu tun. Sie kann genauso gut von einer Schokolade, einem Auto oder einer Digitalkamera gemacht werden. Wenn Sie ein Gewinnspiel konzipieren, ist es natürlich gut, wenn die Aktion zum Produkt passt. Aber das funktioniert nicht immer, ist auch nicht immer zwingend, viel ausschlaggebender sind die Attraktivität von Gewinn und Spielmechanik.
Sie haben also einen großen kreativen Spielraum, wenn Sie sich Preisausschreiben und Gewinnspiele ausdenken. Bei den Mechaniken können Sie zum Beispiel auf Gelerntes zurückgreifen. Mit Gelerntes meine ich, Spielmechaniken, die der Verbraucher kennt, Spiele, die er gerne spielt, Rätsel, die er mit Freuden löst. Scrabble ist so ein bekanntes Spiel. Das sollen Sie jetzt nicht nachmachen, vielmehr sollten Sie in anderen Mechaniken eine Herausforderung sehen.

Weitere Gewinnspielmechaniken:

- Kreuzworträtsel

- Silbenrätsel
- Rebus
- Sudoku
- Bingo
- Lotto/Toto
- Wetten
- Original/Fälschung

Denken Sie dabei auch an beliebte Gesellschaftsspiele, Scrabble ist nur eines von vielen, die Sie für Ihre Gewinnspielaktion nutzen können. Die meisten Preisausschreiben sind allerdings äußerst simpel. Da wird ein Wort oder ein Satz abgefragt, es müssen fehlende Buchstaben eingetragen oder per Multiple Choice die richtige Antwort angekreuzt werden. Die Antworten findet man meistens im Text, das ist einfach, das kann jeder lösen und so kann man gewiss sein, dass die Teilnahme rege ausfallen wird.
Sicher kommt es auch bei der Gewinnspielmechanik auf Ihre Zielgruppe an. Je anspruchsvoller sie ist, desto anspruchsvoller dürfen auch die Preisfragen sein. Auch darf eine Spielmechanik durchaus den Spieltrieb der Zielgruppe herausfordern. Schließlich spielen wir alle gerne. Die Scrabble-Aktion von Gutfried ist gerade dafür ein gelungenes Beispiel.

Das Gewinnspiel-Thema – passend zum Produkt?

Wenn der Fitnessdrink eine Mitgliedschaft im Fitnessclub verlost und das Waschmittel eine Waschmaschine, dann passt das hundertprozentig. Aber nicht immer haben Sie die Möglichkeit, Gewinn und Thema so eng an das Produkt und seinen Nutzen zu binden.
Weitere Möglichkeiten, die Sie in Ihre Überlegungen einbeziehen können:

Die Zielgruppe

Selbstverständlich muss eine Aktion zur Zielgruppe des Produkts passen. Sie können aber darüber hinaus eine Aktion entwickeln, die die Wünsche und Bedürfnisse der Zielgruppe zum Thema hat.

Beispiel:
Produkt: Brotbackmischungen
Zielgruppe: Familien mit Kindern

Gewinnspielmotto: Gewinnen Sie einen Cluburlaub für die ganze Familie!
Gewinnspielmechanik: Getreidesorten den einzelnen Brotbackmischungen zuordnen. Gewinncoupon mit einer Getreidesorte auf jeder Packung. Wer vier Getreidesorten auf Teilnahmekarte klebt, nimmt an der Verlosung teil.

Während die Mechanik – Getreidesorten sammeln und zuordnen – in unserem Beispiel nah am Produkt ist, ist der Gewinn – Cluburlaub für die ganze Familie – wiederum näher an der Zielgruppe.

Saisonale Anlässe

Manche Produkte haben zu bestimmten Jahreszeiten Hochsaison. Im Sommer sind Eis, Erfrischungsgetränke und Sonnenmilch der Renner, während im Winter heiße Tees und warme Suppen mehr Abnehmer finden. Jetzt haben Sie zwei Möglichkeiten. Entweder Sie machen für Ihr Sommerprodukt eine Sommerpromotion oder Sie sorgen dafür, dass es auch im Winter seine Abnehmer findet. Alles ist möglich.
Nehmen wir mal das Beispiel Eiscreme. Im Sommer läuft es im wahrsten Sinne des Wortes von selbst. Aber im Winter muss die heiße Liebe auf Eiskaltes geschürt werden – wie im folgenden Beispiel gut gelungen.

Produkt: Eiscreme, raffinierte Sorten in der 1-Liter-Packung
Zielgruppe: Singles und Double Income
Gewinnspielmotto: Wintertime – Partytime!
Gewinnspielmechanik: Broschüren mit Rezepten für Cocktails und Desserts mit Eiscreme. In den Rezepten sind Silben versteckt, die das Lösungswort ergeben: Finnland-Ice-Hotel. Diesen Begriff auf dem Teilnahmecoupon eintragen und abschicken.
Gewinne: Erster Preis eine Reise mit allen Freunden (maximal zehn Personen) nach Finnland ins Ice-Hotel zur ultimativen Ice-Party!

Bei dieser Aktion passt alles: sie hat Bezug zum Produkt, zur Zielgruppe und zur Jahreszeit.

Aktuelle Anlässe und Highlights

Olympische Spiele und Fußball-WM sind immer wieder ideale Anlässe für Promotions. Und nach der WM ist vor der EM, also können die Werbeagenturen gleich weitere Fußballideen entwickeln.
Was interessiert die Massen, was Ihre Zielgruppe? Sport ist immer ein dankbares Thema für Promotions. VIP-Karten für den Formel-1-Zirkus sind bei Motorsportfans ebenso begehrt wie Logenplätze bei den Opernfestspielen in Verona. Es kommt ganz auf die Zielgruppe und das Produkt an.
Durchforsten Sie das Jahr nach seinen Highlights und machen Sie diese zu den Aufreißern Ihrer Aktionen:

- Sportveranstaltungen: Von Bundesliga in Mönchengladbach bis Formel 1 in Monte Carlo ist alles drin.
- Kultur: Opernfestspiele, Musical-Premieren, Filmfestivals, laden Sie Ihre Zielgruppe zu einmaligen Events ein.
- Big Party: Ob Oktoberfest in München oder Lov-Parade in Berlin, wenn es zum Produkt passt und der Zielgruppe gefällt, können das durchaus Themen für ein Gewinnspiel sein.

Hier mal eine Beispielaktion:
Produkt: koffeinfreier Kaffee
Zielgruppe: Best-Ager der Generation 50plus
Gewinnspielmotto: Entspannen Sie sich beim Blumenfestival auf Madeira!
Gewinnspielmechanik: Teilnahmekarte mit Kreuzworträtsel, bei dem das Lösungswort „Entspannung" gefunden werden muss
Hauptgewinn: eine Woche Madeira für zwei Personen mit Teilnahme am Blumenfestival

Sie sehen, der Gewinn entwickelt sich nicht aus dem Produkt, passt aber zur Zielgruppe. Und ist dazu ein attraktives Event, verbunden mit einer erlebnisreichen Reise.

Schöne Zahlen für viele Preise

Bei der Gutfried-Scrabble-Aktion werden 7 Traumreisen und 777 Original Reise-Scrabbles verlost. Nicht 4 und 23 oder irgendeine andere Zahl, sondern 7 und 77. Achten Sie mal bei Preisausschreiben auf solche Zahlen. Sogenann-

te Schnapszahlen und runde Zahlen werden gerne genommen, wenn es mehrere Gewinne einer Sorte gibt. 333 Fußbälle zu gewinnen hört sich einfach besser an als 300 oder 335 oder 299.
Bestimmte Zahlen erfreuen sich großer Beliebtheit: 3, 5, 7, 9 – manchmal auch die 6. Weniger beliebt sind 2, 4, 8. Zahlen sind magisch, manche mehr, manche weniger. Das Unterbewusstsein reagiert deshalb auf bestimmte Zahlen positiver als auf andere.

Beispiele:
5 Wochenendreisen, 55 Weltatlanten und 555 Reiseführer zu gewinnen
3 VW Polo und 3.333 Autoatlanten zu gewinnen
9 Küchenmaschinen und 99 Kochbücher zu gewinnen

Die Teilnahmekarte – das zentrale Werbemittel eines Gewinnspiels

Der Textaufbau einer Teilnahmekarte folgt immer einer gewissen Gesetzmäßigkeit: Motto, Preisfrage, Spielmechanik – eine dieser Aussagen sollte den Anfang machen. Manchmal ist auch der Gewinn der Hero. „Gewinnen Sie Ihr Traumauto“ oder „Werden Sie Millionär“, solche Versprechen dürfen durchaus an erster Stelle stehen, sind sie doch ein großer Anreiz, am Gewinnspiel teilzunehmen.
Das Gewinnspiel und seine Mechanik müssen verständlich erklärt werden. Die Preisfrage oder Aufgabe muss klargemacht werden. Das Ausfüllen der Karte sollte einfach sein. Dann gibt es noch gewisse juristische Klippen, die Sie aber geschickt umschiffen können. Auch die Teilnahmebedingungen enthalten juristische Formulierungen, auf die Sie keinesfalls verzichten sollten – mehr zu diesen Themen aber im entsprechenden Kapitel.
Die Teilnahmekarte, auch kurz TNK genannt, hat gemeinhin das Format einer Postkarte. Und da es immer einiges zu erklären gibt, ist diese häufig eine Doppelkarte – eine Hälfte wird eingeschickt, die andere verbleibt beim Einsender. Manchmal schrumpft die Teilnahmekarte zum Gewinncoupon und ist dann nur Anhängsel einer Broschüre oder einer Promotions-Anzeige. Dann reduziert sich der Inhalt des Coupons auf die reine Mitmachfunktion: Absender und Lösung. Die Spielmechanik, Aufforderung und so weiter finden sich in der Broschüre beziehungsweise der Anzeige.

Häufig werden die Produkte während des Aktionszeitraums entsprechend ausgestattet, bei der Scrabble-Aktion mit einem Sticker, der erst die Teilnahme möglich macht. Wenn dem nicht so ist, dann genügt auch ein Flash, in dem der Gewinn ausgelobt wird, wie zum Beispiel: „Traumreise zu gewinnen! Teilnahmekarten hier.“ Na ja, das sind nicht gerade besonders subtile Sätze, die da von Ihnen verlangt werden. Aber Verkaufsförderung muss schnell arbeiten. Die ganze Kunst des Texters besteht darin, einen Sachverhalt kurz und verständlich rüberzubringen und dabei beim Verbraucher eine Aktion auszulösen.
Gestaltung und Text einer Teilnahmekarte richten sich natürlich immer nach der Zielgruppe. Anspruchsvolle Verbraucher dürfen auch in der Promotion entsprechend angesprochen werden, was das folgende Beispiel für die Premiummarke Leica verdeutlicht.

Das Leica-Gewinnspiel „Welt erfahren“

Abb. 25: Leica-Teilnahmekarte, Titelseite, 2000, Agentur Marketing Vision, Wetzlar

Der Titel in edlem Schwarz nur mit dem Motto „Welt erfahren“ und dem roten Leica-Zeichen, das entspricht ganz den Erwartungen der anspruchsvollen Leica-Fotografen.
Auf den Innenseiten geht es in diesem Stil weiter. Zurückhaltende Typografie, kleine Produktabbildungen und zwei stimmungsvolle Fotos aus der Welt der Leica – so wird die Zielgruppe der Leica richtig angesprochen. Insgesamt acht Seiten umfasst diese Teilnahmekarte, eine Großzügigkeit, die einmal mehr der Erwartungshaltung eines eingeschworenen Leica-Fans gerecht wird.

Abb. 26: Leica-Teilnahmekarte, Innenseiten, 2000, Agentur Marketing Vision, Wetzlar

Auch der Text entspricht nicht dem einer üblichen Teilnahmekarte. Schon allein die Headline verspricht mehr Niveau:

Bewegende Momente oder Momente der Bewegung.
Erfahren Sie die Welt von Leica und gewinnen Sie.

Für die Gewinnmechanik hatten die Kreativen von Marketing Vision eine schöne Idee: durch ein gestanztes Loch sieht man eine Kamera, um die es in dieser Promotion geht. Der Name der Kamera soll als Lösungswort auf der Teilnahmekarte eingetragen werden, und schon kommt man in die Verlosung der attraktiven Gewinne, die das Herz eines jeden Leica-Fans höher schlagen lassen:

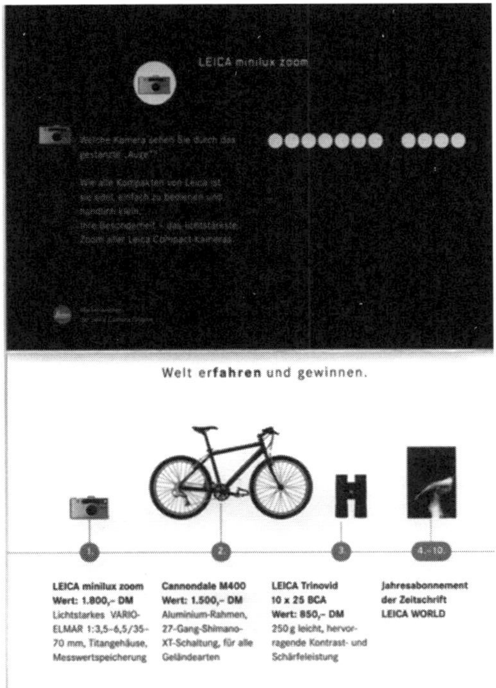

Abb. 27: Leica-Teilnahmekarte, Innenseiten, 2000, Agentur Marketing Vision, Wetzlar

Sie sehen, die Welt der Leica ist eine andere als die der Geflügelbratwurst. Ihre Aufgabe als Texter und Konzeptioner ist es, den jeweiligen Welten und Zielgruppen gerecht zu werden. In Idee, Gewinnspielmechanik, Preisen, Sprache und Gestaltung.
Kommen wir nun zu einer anderen Form eines Gewinnspiels: dem Wettbewerb.

Der Wettbewerb – der Beste gewinnt

Am bekanntesten sind die Wettbewerbe aus der Zigarettenwerbung. Da werden starke Männer gesucht, die in Jeeps durch wilde Landschaften fahren und eines der letzten Abenteuer unserer Zeit erleben dürfen. Das sind groß angelegte Aktionen, die mit viel Geld und großer Werbeunterstützung sehr erfolgreich sind.
Bei den Wettbewerben geht es nicht um Glück wie bei den üblichen Preisausschreiben. Denn hier entscheidet nicht das Los, sondern die Qualität. Zwar sind Wettbewerbe vom Handling her aufwendig, aber der Erfolg kann sehr nachhaltig sein. Die Teilnehmer an einem solchen Wettbewerb legen sich gehörig ins Zeug, um zu gewinnen, und identifizieren sich mit dem Produkt, gibt es ihnen doch die Möglichkeit, ihre Talente unter Beweis zu stellen und sich selbst zu produzieren.
Wenn Sie einen Wettbewerb entwickeln, dann orientieren Sie sich am Produkt, seinem Nutzen und an der Zielgruppe und ihren Wünschen.

Beispiele:

- Digitalkamera: Der lustigste Schnappschuss gewinnt!
- Reisemagazin: Schreiben Sie eine Kurzgeschichte über Ihr spannendstes Urlaubserlebnis!
- Backmischung: Die tollsten Backrezepte gesucht!
- Tütensuppen: Verwandeln Sie unsere Fertigsuppen – die besten Ideen gewinnen!
- Sparkasse: Kinder-Malwettbewerb zum Weltspartag.

Die Organisation eines Wettbewerbs ist immer etwas aufwendiger als die eines normalen Gewinnspiels. Eingesandte Arbeiten müssen gesammelt, geordnet und beurteilt werden. Welche Arbeit ist nun wirklich die beste, welche bekommt den ersten, welche den zweiten Preis? Auch die weniger guten Einsendungen sollten nicht leer ausgehen, schließlich hat sich jeder viel Arbeit gemacht. Und eine kleine Anerkennung, verbunden mit einem freundlichen Anschreiben, verankert das Produkt, um das es geht, in den Herzen der Teilnehmer.

Woran Sie bei der Organisation eines Wettbewerbs denken müssen:

- Jury: Sie sollte die eingeschickten Arbeiten objektiv bewerten und prämieren.
- Preise: Die Preise für die besten Arbeiten sollten dem Aufwand entsprechen, also keine billigen Give-aways, sondern schon Preise mit einer gewissen Wertanmutung.
- Trostpreise: Eine kleine, aber persönliche Aufwandsentschädigung für alle übrigen Teilnehmer ist bei der Mühe, die sich jeder gemacht hat, angebracht.

Doch es sind nicht nur die Sachpreise, die den Anreiz ausmachen, sich an einem Wettbewerb zu beteiligen. Vielmehr sind es Ruhm und Ehre, die ein jeder zu gewinnen hofft. Öffentlichkeit ist das Zauberwort. Machen Sie die prämierten Arbeiten deshalb öffentlich. Die Mittel richten sich nach den Möglichkeiten, die Ihnen offenstehen. Wenn eine Zeitschrift einen Wettbewerb ausschreibt, ist es natürlich ganz einfach, darüber im eigenen Medium und auf der Homepage zu berichten und die besten Arbeiten und deren Macher vorzustellen. Überhaupt: In Zeiten von Internet und Digitalisierung von Daten lassen sich Bilder, Musik und sogar Filme ganz preiswert einem breiten Publikum zugänglich machen.

Hier ein paar Möglichkeiten, die Gewinner eines Wettbewerbs öffentlich vorzustellen:

- auf Veranstaltungen
- in der Presse
- im Internet
- in TV und Funk

An eine junge, musikinteressierte Zielgruppe richtete sich der folgende Wettbewerb:

VDO Dayton MP3 Contest

Zur Produkteinführung der neuen VDO Dayton MP3 Audiorange von der damaligen Siemens VDO Automotive AG (heute: Siemens AG, Bereich Siemens VDO Automotive) ist die Agentur Marketing Vision aus Wetzlar neue, zeitgemäße Wege gegangen. Sie kreierte das „In-Car Clubbing" und machte damit das Auto zum Meeting-Point für junge Leute. Hier spielt die Musik, hier ist was los. Und natürlich gehört das modernste und abgefahrenste automobile Musik-Equipment dazu: ein MP3-Player von VDO Dayton.
Es wurde ein Musikwettbewerb ausgeschrieben. Natürlich im Internet, dem Medium, das die Jugend nutzt. Kooperationspartner war eJay, auf dessen Site junge Musiker kostenlose Software zum Downloaden bekamen. Damit konnten sie ihren eigenen Song komponieren und zur VDO-Dayton-Jury einsenden. Die heißesten Songs wurden auf der VDO-Dayton-Site veröffentlicht. Das brachte den Einsendern Publikum, VDO Dayton und eJay mehr Nutzer auf der Site und dem neuen Produkt VDO Dayton MP3 viele Sympathien und Käufer.
Motto der Aktion: **More choice – more fun**
(Englisch, weil das den Nerv der Zielgruppe trifft.)
Das Key Visual ist jung, modern und abgefahren.

Ablauf der Aktion:
- Junge Hobbykünstler/-Musiker werden aufgefordert, eigene MP3-Songs zu produzieren und sie an eine VDO-Dayton-Jury einzusenden.
- Alle nötigen Informationen (Teilnahmebedingungen, Nutzungsrechte et cetera) finden die angehenden Künstler auf der Homepage.
- Die eingereichten Songs nehmen an einem Gewinnspiel teil und ausgewählte Songs werden in der Download-Area veröffentlicht.
- Mögliche Gewinne: VDO-Dayton-MP3-Systeme.

Die Gestaltung der Werbemittel war durchgängig und auf die junge Zielgruppe in Text und Bild zugeschnitten. Hier ein paar Beispiele:

MORE CHOICE. MORE FUN.
LOUD
MP3
Stay cool.
VDO Dayton

Deckenhänger im Fachgeschäft:

Flyer:

Thekendisplay mit Teilnahmekarten:

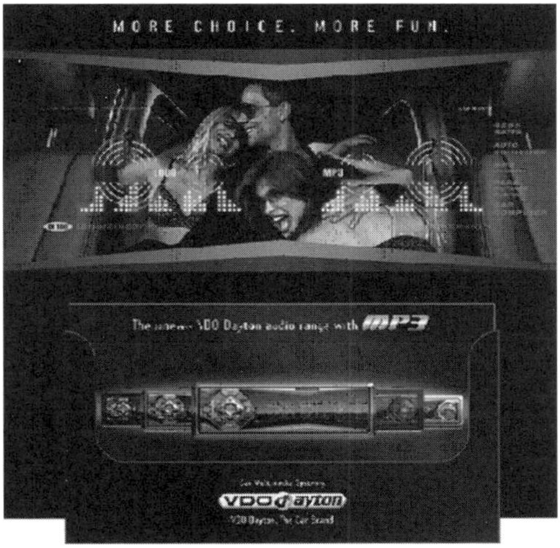

Abb. 28-31: MP3 Contest 2003, VDO Dayton, Siemens VDO Automotive AG, Agentur: Marketing Vision, Wetzlar

Der MP3-Contest ist klar an der Zielgruppe und am Produkt orientiert. Er unterstützt die Einführung des neuen Produkts VDO Dayton und gewinnt Sympathien in der Zielgruppe. Sprache und Gestaltung sind auf die jungen Nutzer zugeschnitten und schaffen für VDO Dayton eine Erlebniswelt.

Bei Anruf Geld – mit Telefonaktionen Geld verdienen

Versicherungen machen's, Banken machen's, Service-Hotlines und viele viele andere – inzwischen lassen sich sogar einige Krankenhäuser hereinkommende Anrufe bezahlen. Was den Dienstleistern recht ist, ist der Verkaufsförderung willkommen. So finanzieren beliebte Fernsehquiz-Sendungen, die Ihnen Millionen versprechen, eben diese Millionen durch Telefongebühren, die Sie – der Anrufer – bezahlen. Und nicht nur diese, auch jede beliebige Promotion kann über eine 180er-Nummer in die Profitzone kommen. Ob der Teilnehmer an einem Preisausschreiben nun 45 Cent für eine Briefmarke ausgibt oder für Telefongebühren, von denen ein Teil in die

Gewinnausschüttung fließt, kann ihm egal sein. Im Gegenteil, dadurch sind attraktivere Gewinne möglich, von denen letztlich auch der Teilnehmer profitieren kann.
Und so lesen Sie immer häufiger bei Preisausschreiben den Satz:
„Schicken Sie die Lösung auf einer Postkarte ein, oder rufen Sie uns an: 180 00000000 (0,48 € pro Minute aus dem deutschen Festnetz)". Mal sind es 12, mal 48, mal 62 Cent. Stellen Sie sich nur vor, wie viel Geld dabei hereinkommt, wenn 100.000 Teilnehmer anrufen. Auch ein Fax oder eine SMS sind nicht kostenlos und bringen Geld in die Kasse des Veranstalters, das die Kosten der Aktion ganz oder teilweise deckt, zumindest aber eine gewisse Großzügigkeit bei der Auswahl der Gewinne ermöglicht.
Das ist also eine legitime Methode, mehr aus einem Gewinnspiel zu machen. Praktischer ist es allemal, als eine Briefmarke – die man ja auch nicht immer zur Hand hat – auf eine Teilnahmekarte zu kleben und diese dann zu einem Briefkasten zu bringen, der nicht gerade um die Ecke ist. Anruf oder SMS, das geht im Zeitalter von Handys ganz schnell. Meistens kostenlos und ebenso schnell ist die Teilnahme per E-Mail.
Telefon, SMS und E-Mail können Sie natürlich nicht nur bei Gewinnspielen einsetzen. Zugaben, Self-Liquidating Offer und Prämien bei Treue- beziehungsweise Sammelaktionen können Sie ebenfalls auf elektronischem Weg bestellen lassen und damit die Aktionskasse aufbessern.

Bei Anruf Spende – tue Gutes und rede drüber

Statt die Telefongebühren selber einzustecken, kann man sie auch spenden. Das tut dem Image gut! Bärenmarke hat mit seiner Weihnachtsaktion 2006 voll ins Schwarze getroffen. Der beliebte Bär fliegt im Bärenmarke-Fesselballon am Himmel in TV und Internet. Wer eine Ballonfahrt gewinnen will, kommt per Anruf für 49 Cent in die tägliche Verlosung. Und der Bärenmarke-Bär „drückt die Tatzen". Das Geld geht an den WWF und hilft diesem, die Braunbären in den Alpen zu schützen.
Eine tolle Aktion, maßgeschneidert auf das Produkt und seine Leitfigur, den beliebten Bärenmarke-Bär.

Imageaufwertung durch Wohltätigkeit

Es macht sich immer gut, für eine gute Sache öffentlich einzutreten. Krombacher macht es seit Jahren vor, dass davon auch die eigene Marke erheblich profitieren kann. Mit jeder gekauften Kiste Bier wird für die Rettung des Regenwaldes gespendet. Die Aktion war/ist so erfolgreich, dass sie immer wieder neu aufgelegt wird. Berühmtheiten wie Günther Jauch, Rudi Völler und Steffi Graf setzen sich mit ihrem guten Namen dafür ein. Unter dem Motto „Gute Sache, gutes Bier!“ wurde im Aktionszeitraum April bis Juli 2006 für jede verkaufte Flasche Krombacher 1 Cent gespendet.

Aktionen für einen guten Zweck

Während die Bärenmarke-Aktion gut zum Produkt passt, ist das bei Krombacher nicht der Fall. Das tut dem Erfolg aber keinen Abbruch. Wichtig ist, dass der gute Zweck den Nerv der Zeit trifft und die Verbraucher interessiert. Mal ist es das Ozonloch, mal der Regenwald, mal die Kinderkrebshilfe – manche Themen sind gerade brandaktuell und stehen täglich in der Zeitung. Wer auf diesen Zug springt, liegt in jedem Fall richtig.
Eine wohltätige Aktion passend zum Produkt zu finden ist nicht immer einfach. Und manches würde so gut passen, dass man es lieber lässt: Der Schnaps wird kaum an die Anonymen Alkoholiker spenden und die Zigarette den Lungenkrebsopfern. Man will ja keine schlafenden Hunde wecken!

Checkliste – finden Sie den richtigen Zusatznutzen

Ziel der Zusatzanreize:

- Verstärkung für das Produkt
- kurzfristige Kaufimpulse
- kurzfristige Abgrenzung von Me-too-Produkten

Mögliche Zusatznutzen:

- Gewinnspiel/Preisausschreiben
- Wettbewerbe
- Zugaben/On-Pack-Aktionen
- Treueaktionen
- Geldzurück

Gewinnspiele/Preisausschreiben
Gewinn für
- Hersteller: mehr Reinverkauf
- Handel: mehr Rausverkauf
- Verbraucher: Preise

Gewinnspielmechaniken:
- Gelernte Spielmechaniken:
  - Kreuzworträtsel
  - Silbenrätsel
  - Rebus
  - Sudoku
  - Bingo
  - Lotto/Toto
  - Wetten
  - Original/Fälschung
- Multiple Choice: Ankreuzen der richtigen Antwort
- fehlende Buchstaben in Lösungssatz eintragen
- Produktnamen raten
- Slogan vervollständigen

Gewinnspielthemen/Gewinne
- passend zum Produkt
- ... zur Zielgruppe
- ... zur Positionierung des Produkts
- saisonale Anlässe wie z.B. Sommer, Winter
- aktuelle Highlights wie z.B. Fußball-WM
- aktuelle Filme, TV-Serien

Schöne Zahlen für viele Preise:
- Verwenden Sie „magische“ Zahlen bei der Auslobung von Preisen
- zum Beispiel: 3, 7, 9
- sogenannte Schnapszahlen machen sich auch gut
- zum Beispiel: 11, 33, 55, 77, 99, 111, 333

Text-Inhalt einer Teilnahmekarte:
- Motto
- Preisfrage

- Spielmechanik
- Gewinn
- Teilnahmebedingungen

Stil einer Teilnahmekarte:
- sachlich
- klar
- verständlich
- direkt

Der Wettbewerb:
- Der Beste gewinnt
- Wer gewinnen will, muss Leistung bringen

Ideen für Wettbewerbe:
- Aus dem Produkt, wie z.B.:
  - Backmischung: Backwettbewerb
  - Kamera: Fotowettbewerb
- Aus der Zielgruppe, wie z.B.:
  - Autohaus, Familien-Van: Kindermalwettbewerb
  - Zigarette, Abenteuer: Jeep-Rallye durch die Wüste

Daran müssen Sie bei der Organisation eines Wettbewerbs denken:
- Jury
- Preise für die besten Arbeiten, hochwertig
- Trostpreise als Anerkennung für alle übrigen Teilnehmer

Möglichkeiten, die Gewinner eines Wettbewerbs öffentlich vorzustellen:
- auf Veranstaltungen
- in der Presse
- im Internet
- in TV und Funk

Telefonaktionen
- Wer gewinnen will, muss anrufen
- Jeder Anruf kostet Geld
- Durch die Einnahmen lässt sich ein Teil der Aktion finanzieren
- AStatt Anruf gehen auch SMS und Fax – ebenfalls kostenpflichtig

Wohltätige Aktionen:

- Telefonaktionen: Telefongebühren werden gespendet
- sonstige Spenden: für jedes verkaufte Produkt geht eine bestimmte Spende an einen guten Zweck

Übungen „Verbraucher“

6.1 Entwickeln Sie ein Gewinnspiel mit Motto, Gewinn und Gewinnspielmechanik.

a. Produkt: Rasenmäher
   Zielgruppe: Hausbesitzer
b. Produkt: Kaugummi
   Zielgruppe: Kids
c. Produkt: Fitnessstudio
   Zielgruppe: Hausfrauen

6.2 Nutzen Sie den Spieltrieb: entwickeln Sie Gewinnspielmechaniken nach bekannten Spielen:.

a. Produkt: Tütensuppen für Singles
   Zielgruppe: Singles
b. Produkt: Markenwein
   Zielgruppe: Double Income No Kids
c. Produkt: Rasierer
   Zielgruppe: Männer

6.3 Entwickeln Sie Gewinnspiele passend zur Zielgruppe:

a. Produkt: Wellnessdrink
   Zielgruppe: junge Frauen bis 30
b. Produkt: Käsesticks Mickey Mouse
   Zielgruppe: Kinder
c. Produkt: Kaffeepad-Maschine
   Zielgruppe: Singles

6.4 Entwickeln Sie Gewinnspiele zu aktuellen Anlässen, Highlights und Events:

a. Produkt: Cola-Bier
   Zielgruppe: Männer

b. Produkt: Deoroller „Lavendel“
   Zielgruppe: Frauen bis 30
c. Englischer Tee
   Zielgruppe: Bestager mit hohem Einkommen

6.5 Texten Sie Teilnahmekarten für folgende Aktionen (Headline, Gewinnspielmechanik, Preisauslobung):

a. Produkt: Brotbackmischungen
   Zielgruppe: Familien mit Kindern
   Gewinnspiel-Motto: Gewinnen Sie einen Cluburlaub für die ganze Familie!
   Gewinnspielmechanik: Getreidesorten den einzelnen Brotbackmischungen zuordnen. Gewinncoupon mit einer Getreidesorte auf jeder Packung. Wer vier Getreidesorten auf die Teilnahmekarte klebt, nimmt an der Verlosung teil.
b. Produkt: Eiscreme, raffinierte Sorten in der 1-Liter-Packung
   Zielgruppe: Singles und Double-Income
   Gewinnspielmotto: Wintertime – Partytime!
   Gewinnspielmechanik: Broschüren mit Rezepten für Cocktails und Desserts mit Eiscreme. In den Rezepten sind Silben versteckt, die das Lösungswort ergeben: Finnland-Ice-Hotel. Diesen Begriff auf dem Teilnahmecoupon eintragen und abschicken.
   1. Preis: eine Reise mit allen Freunden (maximal 10 Personen) nach Finnland ins Ice-Hotel zur ultimativen Ice-Party!

6.6 Entwickeln Sie Wettbewerbe mit Motto, Mechanik und Preisen:

a. Produkt: Küchenstudio
   Zielgruppe: Familien
b. Produkt: Kaugummi für große Bubbles
   Zielgruppe: Jugendliche
c. Produkt: Duschgel „Poesie“
   Zielgruppe: Girls

7. Zugaben & Co. – oder wie Sie kurzfristig den Kaufanreiz erhöhen können

Wer als Kind Kellogg's Cornflakes gegessen und Nutella aufs Brot geschmiert hat, ist schon früh mit Verkaufsförderung in Berührung gekommen. Denn bei den Frühstücksflocken lag immer eine kleine Überraschung in der Packung, ein Pfennigartikel, der doch für die Kleinen einen großen Wert hatte. Auch der Brotaufstrich ließ sich nicht lumpen und packte was in den Deckel. Und Sie wissen selber aus Erfahrung, welchen großen Reiz die kleinen Nettigkeiten hatten.

Die Zugabe – attraktiv und auch noch umsonst.

Kleine Geschenke erhalten nicht nur die Freundschaft, sie werten ein Produkt auf und können ein großer Kaufanreiz sein. Die Zugabe geben Sie, wie der Name schon sagt, zum Produkt hinzu. Kostenlos, versteht sich. Freuen Sie sich, dass im Jahre 2001 die Zugabeverordnung aufgehoben wurde. Denn bis dahin waren als Zugaben nur Werbeartikel von geringem Wert erlaubt, der rund 35 Pfennig nicht überschreiten durfte. Auch sollten diese Zugaben nach Möglichkeit durch Branding als Werbeartikel erkennbar sein. Sie können sich vorstellen, dass es nicht gerade einfach war, mit Pfennigartikeln, die dazu noch mit einem Markenzeichen versehen waren, Produkte so aufzuwerten, dass der Abverkauf gefördert wurde.

Doch was ein echter Kreativer ist, der lässt sich nicht entmutigen. Im Gegenteil, es war eine Herausforderung, trotz gesetzlicher Restriktionen etwas Schönes zu machen. Das folgende Beispiel von 1989 ist der beste Beweis dafür:

ECKES Edelkirsch – die Herzchen-Broschüre

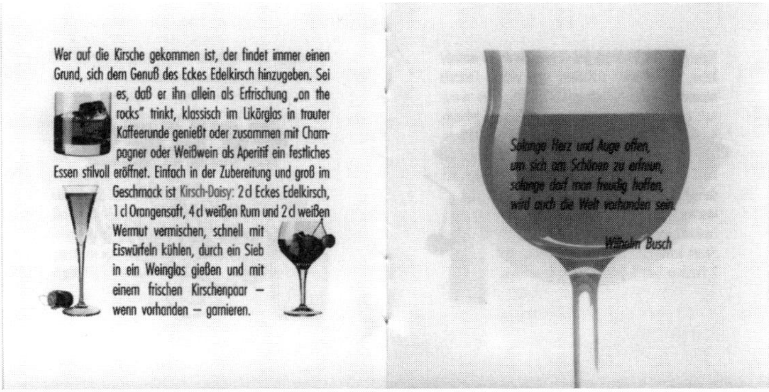

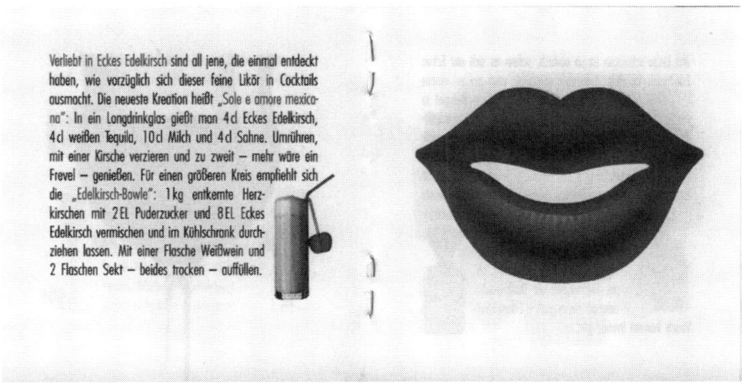

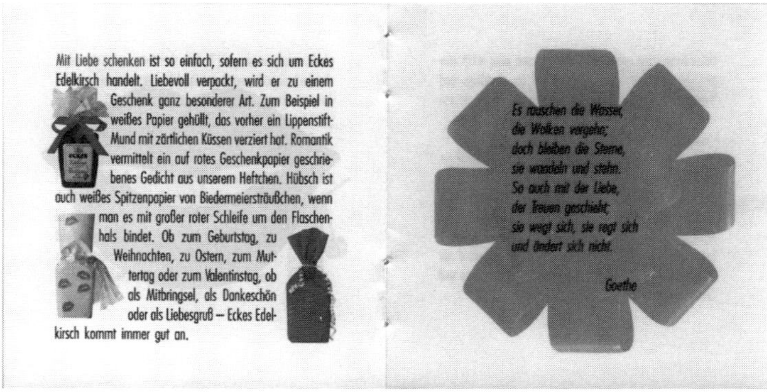

Abb. 32-36: ECKES Edelkirsch 1989, Eckes, Nieder-Olm, Agentur Consell, Frankfurt

Das 10,5 x 10,5 cm kleine Heftchen war mit 24 Seiten natürlich überhaupt nicht billig. Im Gegenteil, es wurde aufwendig produziert, die Rezepte sind zum großen Teil eigens für die Broschüre entwickelt und natürlich zur Geschmacksprobe zubereitet worden. Die Fotos sind kein Stockmaterial, sondern wurden von einem guten Fotografen geschossen. Dennoch kollidierte die Broschüre nicht mit der Zugabeverordnung, da sie als Werbung erkennbar war und somit für den Verbraucher keinen hohen Wert hatte.

„Poesie in Edelkirsch" ist der Titel, passend zum damaligen Claim „Nur Küsse schmecken besser". Im Heft selbst geht es um Liebe, ein Cocktail hört auf den romantischen Namen „Sole e amore mexicana", die Torte heißt „Wahre Liebe" und als Geschenk wird ECKES Edelkirsch in weißes Papier mit Lippenstiftküssen verpackt. Auf Pergamentseiten stehen Zitate von

Goethe und anderen Dichtern und Denkern zum Thema Liebe, denn so schön konnte es auch die Texterin des Heftchens nicht sagen.
Sie haben Glück, heute müssen Sie mit Zugaben nicht kleckern, Sie können klotzen. Kreativ sollten Sie aber trotzdem sein!

Produkt, Zielgruppe, Zugabe – drei, die zusammengehören

Sie werden kaum als Zugabe zu einem Satz Reifen ein Kaffeeservice geben oder zur Packung Pralinen einen Schraubenzieher. Weil das weder zusammenpasst noch der Zielgruppe gefällt. Die Zugabe muss also zum Produkt passen und beim Verbraucher Begehrlichkeiten auslösen.

Hier ein paar fiktive Beispiele:
Alkopops: Zielgruppe junge Leute, Zugabe Mini-CD mit Hits aus der Alkopops-Werbung
Fruchtsaft: Zielgruppe Mütter mit Kindern, Zugabe je ein Saftglas mit Obst-Dekor passend zur jeweiligen Sorte
Bodylotion für Männer: Zielgruppe Männer, Zugabe Bundesligaplaner.

An den Beispielen sehen Sie, dass das Produkt und die Zugabe nicht unbedingt immer aus einem Guss sein müssen, wie der Fruchtsaft und das passende Glas, sondern dass es auch wesentlich auf die Verwender des Produkts ankommt. Denn die Zielgruppe der Bodylotion für Männer kann sich durchaus für Fußball erwärmen.

Events – schwimmen Sie mit der Welle des Erfolgs

Fußball-WM und Olympische Spiele sind dankbare Zugabelieferanten. So stand der Sommer 2006 ganz im Zeichen der Fußball-WM. Da lässt der Schokoriegel Fußballbilder sammeln und die Bratwurst verschenkt Fußballbücher. Wieder andere haben Sammelpunkte als Zugaben, für die es Fußball-Fanartikel gibt. Natürlich gilt auch hier: die Zielgruppe des Produkts muss sich für dieses Event begeistern. Während Sie den Schokoriegel mit Fußballbildern aufwerten, machen Sie eine Pflegeserie für junge Mädchen damit bestimmt nicht attraktiver.

Fans und Trends – entdecken Sie, wofür Ihre Zielgruppe schwärmt

Sehen Sie sich die Kinofilme und Fernsehserien Ihrer Zielgruppe an. Springen Sie auf aktuelle Trends auf und nutzen Sie die Popularität der Stars aus Film und Fernsehen für Ihr Produkt.

Beispiele:
Schoko-Brotaufstrich: Zielgruppe Mütter und Kinder, Zugabe Sticker mit Fotos aus *Die Wilden Kerle.*
Knabbersnack: Zielgruppe junge Mädchen, Zugabe Anforderungscoupon für Fan-Shirts mit Konterfeis aus der TV-Serie *Gilmore-Girls*

Proben – machen Sie die Zugabeaktion zur Probieraktion

Der Ketchup gehört zum Würstchen und die Soße zur Nudel, der Kaffee zum Plätzchen und die Spülung zum Shampoo. Geben Sie als Zugabe eine kleine Kostprobe dessen, was Ihr Produkt ergänzt. Das kann sogar etwas aus demselben Konzern sein. Beispiele:

Anti-Ageing-Gesichtsmilch. Zielgruppe Frauen über 50, Zugabe Anti-Aeging-Gesichtswasser.
Backmischung: Zielgruppe Frauen, Zugabe Kaffeepads.
Mit einer großzügigen Zugabe können Sie auch gleich den Verkauf eines größeren Gebindes koppeln, wie z.B. ein Doppelpack Nudeln mit einem Glas Pasta-Soße.

Und jetzt sehen wir mal, was die Profis zu verschenken haben.

Die Ritzenhoff-Aktion von Schladerer – oder wie man einen hochwertigen Obstbrand noch aufwerten kann

Eine anspruchsvolle Klientel, wie Schladerer sie hat, kann man nicht einfach mit einem billigen Schnapsglas als Zugabe abspeisen. Da muss man sich schon etwas Ausgefallenes überlegen.
Schladerer ist es mit den Ritzenhoff-Portionierern hervorragend gelungen, seine edlen Geiste noch attraktiver zu machen. Aus der Werkstatt des bekannten Herstellers besonderer Designkollektionen kommen drei Portionierer mit unterschiedlichen Obstdekors passend zu den Schladerer Obst-

Abb. 37: Alfred Schladerer GmbH, Staufen, Salesblatt 2006, Agentur Werbung etc. Stuttgart

bränden. Die mundgeblasenen, handbemalten Kleinode werden zu Sammlerstücken und kurbeln kräftig den Verkauf an.
Ein Hinweis für den Texter: Die Sprache ist extrem einfach. Da steht lediglich: „Jetzt mit Original Ritzenhoff-Portionierer". Wie immer überhaupt nicht subtil, sondern direkt, klar und kurz. Der Satz muss in einem kurzen Augenblick wirken und zum Verkauf führen. Jedes weitere Wort wäre zu viel.

Die Fußball-WM-Aktion von Gutfried – nur noch von der deutschen Mannschaft zu toppen

Sommer 2006, Deutschland im Fußballfieber. Auch in der Verkaufsförderung fand das deutsche Sommermärchen zahlreiche Liebhaber. Ob Schokoriegel, Pfefferminz oder Grillwurst, alle schwammen auf der Fußballwelle in die Gewinnzone.

Fußballsommer ist Grillzeit par excellence, drum gab es bei der Gutfried Geflügelbratwurst eine äußerst attraktive Zugabe: ein Fußball-WM-Buch mit passendem Wimpel.

Abb. 38: Gutfried -Bratwurst-Aktion 2006, Packung mit Sticker, Agentur Ad & Vision, Dreieich

Da die Zugabe, ein veritables Fußballbuch, wesentlich größer war als die Bratwurst, konnte man es natürlich nicht im Original dazulegen. Das hätte die Kühltheke gesprengt. Also wurde ein Sticker auf die Rückseite der Packung geklebt. Jeder Sticker berechtigte den Käufer zum Bestellen eines kostenlosen Fußballbuches, wahlweise das Buch zur legendären WM 1954 („Tor, Tor, das Spiel ist aus, Deutschland ist Weltmeister") oder zur WM 1974, jeweils mit einer Nachbildung des Original-Fußballwimpels.

Sticker Vorderseite:

Abb. 39: Gutfried Bratwurst-Aktion 2006, Agentur Ad & Vision, Dreieich

Sticker Rückseite:

Abb. 40: Gutfried Bratwurst-Aktion 2006, Agentur Ad & Vision, Dreieich

Auch hier kommt der Text ohne Sperenzchen aus. Einfach und klar vermittelt er die Botschaft. Lediglich 1,50 Euro Versandkosten muss der Besteller tragen, was bei einem Wert des Buches von 10 Euro wirklich nicht zu viel ist. Natürlich kann auch für 12 Cent pro Minute per Telefon bestellt werden.

Kraft Grillteufel – mit raffinierten Rezepten die Grillsaison anheizen

Jedes Jahr zur Grillzeit startet Kraft eine Verbundaktion für seine Grillsoßen. Ketchup & Co. werden promotet von der verkaufsstarken Werbefigur, dem sympathischen Grillteufel.

Abb. 41: Kraft Foods, Grill-Aktion 2004, Agentur Ufer & Cie., Frankfurt

Der kleine Kerl und die Kraft Grill-Soßen sind bei den Glutsbrüdern von der Oder bis zum Rhein bestens bekannt. Schließlich gibt es jeden Sommer eine attraktive Aktion. In diesem Jahr sind außergewöhnlich Grillrezepte die Zugabe, denn was ein echter Griller ist, der gibt sich schon lange nicht mehr mit der simplen Bratwurst zufrieden, der heizt den Grill zum kulinarischen Event auf.
An der Aktionsplatzierung sehen Sie einen Dispenser mit Rezeptideen. Das ist die Zugabe. Außerdem wird die 1. Grill-Renner-Meisterschaft, eine Cross-Promotion mit Wolf-Garten und dem Grillhersteller Landmann, angekündigt.

Abb. 42: Kraft Foods, Grill-Aktion 2005, Agentur Ufer & Cie., Frankfurt

Die Rezeptideen sind kulinarisch außergewöhnlich und attraktiv. Hier ein Beispiel:

Abb. 43: Kraft Foods, Grill-Aktion 2005, Agentur Ufer & Cie., Frankfurt

Unter dem Motto „Kulinarische Seiten“ machen die Grillrezepte Appetit auf Grillspezialitäten aus verschiedenen Ländern. Natürlich ist eine der wichtigsten Zutaten immer eine Kraft Grillsoße. Die Rezeptblätter sind anspruchsvoll gestaltet, die Rezepte einfach erklärt, sodass sie leicht nachzugrillen sind.
Die Zugabe an sich hat keinen großen materiellen Wert, trifft aber voll den Geschmack der Zielgruppe und ist deshalb attraktiv.

Ein Quietscheentchen macht Karriere

Kein Etat für große Werbung, aber dafür große Ideen für kleines Geld: das zeichnet eine wirklich gute Verkaufsförderungsaktion aus. Die Werber von Jules Mumm machten aus der Not eine Tugend, hatten eine witzige Idee für einen TV-Spot und führten diese weiter in eine Zugabenaktion, die nicht nur kurzfristig Kaufimpulse auslöst, sondern auch mit einem hohen Sympathiewert langfristig Kundenbindung schafft.

Abb. 44: Jules Mumm, Homepage Dez. 2006, Startseite Mädels, Rotkäppchen-Mumm Sektkellereien GmbH, Eltville/Rhein, Agentur Ogilvy Interactive Worldwide, Frankfurt

Der Sekt für die neue Generation selbstbewusster junger Frauen trifft mit Kampagne und Aktion genau den Nerv der Zeit und der Zielgruppe. Fangen wir mit Internet und TV-Spot an, denn hier steckt schon die Idee drin, die in der Vkf-Aktion zum tragenden Element wird. Der Film, oft genug im Fernsehen, um die Zielgruppe zu erreichen, und konstant im Internet für alle, die den Spot gerne öfter sehen, und das macht Laune!

Unter www.jules-mumm.de kommt man auf die Startseite und von da wahlweise auf die Jungs- oder Mädelsseite, welche Sie oben sehen. Wer den Fernseher mit dem Charme der fünfziger Jahre anklickt, kann sich den TV-Spot anschauen. Wie in einem kleinen Spielfilm wird hier eine sympathische Story erzählt:

1. Er freut sich auf seine Freundin, die zu ihm in die Wanne steigen will.

2. Doch da klingelt es und zwei Freundinnen kommen zu Besuch.

3. Die Mädels trinken Jules Mumm, spontan steigt die Party ...

4. ... während er in der Wanne schmort. Zum Glück hat er das gelbe Entchen.

Abb. 45-48: Jules Mumm, TV-Spot 2006, Rotkäppchen-Mumm Sektkellereien GmbH, Eltville/Rhein, Agentur Ogilvy Interactive Worldwide, Frankfurt

„Jules Mumm. Alles andere kann warten." Der Claim ist hier Programm. Der Spot macht Laune – auf jeden Fall bei den Mädels, die Jungs müssen schon eine gehörige Portion Humor mitbringen. Aber was soll's, die selbstbewusste junge Jules-Mumm-Freundin lässt sich so leicht nichts vormachen. Drum wird sie auch gerne gerecht teilen: Jules Mumm für sie, Ente für ihn.

Die Idee wird weitergeführt vom TV-Spot ins Internet zur Promotion im Handel. So bringt man Kunden ins Geschäft – ein starkes Argument für den Reinverkauf:

Ente gut – alles gut!

Wartende Jungs in Badewannen müssen beschäftigt werden. Bring ihm was zum Spielen mit. Die knallgelbe Ente aus dem TV-Spot findest du jetzt im Sektregal – so lange der Vorrat reicht.

Schnell zugreifen – alles andere kann warten!

Der Text ist jung, die Leserinnen werden geduzt und ein paar nette Formulierungen schaffen zusätzlich Sympathie: „Ente gut – alles gut." Super zum Schluss die Aufforderung, die den Claim ein wenig abwandelt: „Schnell zugreifen – alles andere kann warten".

Abb. 49: Jules Mumm, Homepage Dez. 2006, Zugabenaktion, Rotkäppchen-Mumm Sektkellereien GmbH, Eltville/Rhein, Agentur Ogilvy Interactive Worldwide, Frankfurt

Und damit die Mädels die Flasche im Regal auch wiederfinden, ist sie so abgebildet, wie sie im Regal im Handel steht: mit Anhänger und Ente.
Im Handel schwimmt die kleine Ente auf der Welle des Erfolgs. Fröhlich hängt sie an der Flasche, umrahmt vom sympathischen Text „Spaß für die Mädels … Ente für die Jungs!“ Wartend schaut uns der „Junge“ von der Vorderseite des Anhängers an, während hinten fröhliche Mädels mit Jules Mumm im Glas Spaß haben. „Jules Mumm. Alles andere kann warten.“ Und dann noch der Hinweis auf die Homepage. Super-Verzahnung von Internet

und Handel durch Querverweise in beiden Werbemitteln. Hier profitiert die Werbung von der Verkaufsförderung und umgekehrt. Eine kleine gelbe Ente wird zum Hero, erhöht den Kaufanreiz und gibt kurzfristig Kaufimpulse, die sich langfristig positiv auf das Image niederschlagen.

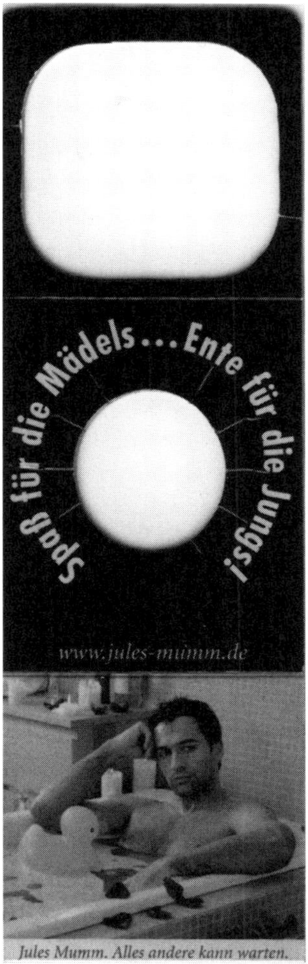

Abb. 50: Jules Mumm, Flaschenanhänger Vorderseite, Zugabenaktion 2006, Rotkäppchen-Mumm Sektkellereien GmbH, Eltville/Rhein, Agentur Ogilvy Interactive Worldwide, Frankfurt

Abb. 51: Jules Mumm, Flaschenanhänger Rückseite , Zugabenaktion 2006, Rotkäppchen-Mumm Sektkellereien GmbH, Eltville/Rhein, Agentur Ogilvy Interactive Worldwide, Frankfurt

Spritziges PR-Event: Das Jules-Mumm-Entenrennen

Komplett wird die 360°-Kommunikation mit der PR-Aktion: Jungs aus ganz Deutschland stiegen im November 2006 in der Hamburger Bartholomäus-Therme ins Wasser, um eine kleine gelbe Quietscheente als Erster ins Ziel zu bringen. Ihre Mädels verfolgten das spritzige Spektakel aus sicherer Entfernung gemütlich in Liegestühlen und ließen sich von knackigen Kellnern mit Jules Mumm verwöhnen.

Die Aufgabe war eine echte Herausforderung: Die kleine Ente – bekannt aus der Fernsehwerbung – musste ohne Zuhilfenahme von Händen oder Füßen 40 Meter durchs Wasser getrieben werden. Erster wurde ein 21-jähriger Hamburger. Über seinen Preis – eine Reise nach Paris – konnte er sich nicht lange freuen. Denn der ging vereinbarungsgemäß an seine Partnerin und deren Freundin. Alles gemäß der Jules-Mumm-Werbung, in der starke Frauen sich von den Jungs nichts sagen lassen.

Die Jules-Mumm-Aktion zeigt, wie man mit geringen Mitteln erfolgreich oben schwimmen kann. Die Aktion macht Spaß, sie ist sympathisch mit einem hohen Unterhaltungswert und koppelt geschickt Werbung, Verkaufsförderung, Internet und PR. Kompliment an alle Verantwortlichen!

Die Quietscheentchen-Aktion von Jules Mumm im Überblick:

Motto:	**Spaß für die Mädels … Ente für die Jungs**
Zugabe:	Quietscheente
Verzahnung:	TV-Spot – Internet – Aktion im Handel – PR-Event

Weitere Zusatznutzen – und das geht auch noch

Natürlich begegnen Ihnen auf einem Spaziergang durch den Lebensmittelhandel noch andere Aktionen mit Zusatznutzen, deren Sinn und Zweck es ist, das Produkt kurzfristig attraktiver zu machen und seinen Verkauf anzukurbeln.

Geldzurück – Kauf ohne Risiko

Mit der Geld-zurück-Garantie soll der Verbraucher dazu gebracht werden, ein Produkt, das er nicht kennt, zu kaufen und zu probieren.
Deshalb werden neue oder veränderte Produkte gerne mit dem Versprechen „Geld zurück bei Nichtgefallen" promotet. Für den Verbraucher ist das ein starkes Versprechen, das ihm einerseits einen Kauf ohne Risiko zusichert und ihm andererseits auch zeigt, wie überzeugt der Hersteller von der Qualität seines Produktes ist. Denn es darf sogar die angebrochene Packung, aus der man schon probiert hat, zurückgehen. Und das ohne Angabe von Gründen.

Sprachlich heißt das dann:
Geld-zurück-Garantie
Kauf ohne Risiko
Test ohne Risiko

Self-Liquidating Offer – das passt zum Produkt

Das Saftglas zum Obstsaft, der Teelichtanzünder zum Tee, der Bademantel zum Duschgel, hier handelt es sich immer um Self-Liquidating Offers, die während eines Aktionszeitraumes zum Produkt angeboten und zum Selbstkostenpreis verkauft werden. Zu manchen Produkten gibt es ganze Kollektionen, die Selbstläufer geworden sind und schon lange nicht mehr nur während eines kurzen Aktionszeitraumes zu haben sind.

Sie können Self-Liquidating Offers auf verschiedene Möglichkeiten unter die Leute bringen:

- Direkt am Produkt: eine Karte mit Bestellmöglichkeit, ein Heftchen mit Coupon oder ein Sticker auf dem Produkt machen auf das Angebot aufmerksam.
- Anzeigen: Das Angebot wird vorgestellt, ein Coupon macht das Bestellen leicht.
- Internet: In Zeiten von www werden die meisten Self-Liquidating Offers auf der Homepage angeboten, wo man sie auch gleich per E-Mail bestellen kann.

Self-Liquidating Offers passen immer eng zum Produkt und tragen oft sein Markenzeichen. Das macht sich besonders gut, wenn dieses schon Kult ist. Der beliebte Brotaufstrich Nutella brachte mal das Nutella-Messer heraus. Und was ein echter Nutella-Freak war, der musste das Ding unbedingt haben.
Self-Liquidating Offers unterscheiden sich von Zugaben durch ihre Wertigkeit. Das Schnapsglas, das als kostenlose Zugabe zur Flasche gepackt wird, ist eher aus einfachem Pressglas, immer mit dem Markenzeichen versehen und nur ein paar Cent wert. Das Schnapsglas jedoch, das verkauft wird, ist meistens hochwertig, handgeschliffen und mundgeblasen und kostet schon ein paar Euro. Aber dank seiner Hochwertigkeit und seines besonderen Designs will der Kenner es haben. Und kauft es. Gleichzeitig wird dadurch das Produkt aufgewertet, denn man trinkt es aus diesen hochwertigen Gläsern, und dann schmeckt es noch mal so gut.

Verpoorten macht Mischen possible

Der bekannte Markeneierlikör Verpoorten schlägt gleich zwei Fliegen mit einer Klappe. Longdrinkgläser als Self-Liquidator schaffen einen zusätzlichen Kaufanreiz und erhöhen mit Cocktailrezepten die Likörverwendung.
Zum leckeren Cocktail „Blonder Engel“, dessen Rezept zum Nachmixen in der Anzeige steht, gibt es hochwertige Longdrinkgläser. Natürlich mit Verpoorten-Branding, damit ein jeder sieht, dass Qualität im Glas ist. Zwei Gläser kosten passend zum hochwertigen Markenprodukt 6,50 Euro, was nicht gerade billig ist, aber auch nicht zu teuer. Noch mehr Cocktails mit dem

Abb. 52: Verpoorten, Anzeige im *Stern* 2002, Agentur Public, Köln

gelben Klassiker und Self-Liquidating Offers bietet Verpoorten bei www.mischen-possible.de im Internet an. Unter dem schönen Motto „Mischen? Possible!" wird hier demonstriert, wie eine traditionsreiche Marke voll im Trend und hochmodern sein kann. Kompliment an die Macher!

Das Schnapsglas passt zum Schnaps und der Bademantel zum Duschgel. Und auf jeden Fall passen die Angebote auch zur Zielgruppe. Und genau so machen Sie es, wenn Sie ein Produkt mit einem solchen Angebot aufwerten wollen.

Und hier zu Ihrer Anregung noch ein paar fiktive Beispiele für Self-Liquidating Offers (SLO):

Produkt: Babybrei. SLO: Breiteller mit Warmhaltefunktion und speziellem Löffel.

Produkt: Instant-Kakao. SLO: Becher mit Branding, aus Porzellan und auf Bestellung mit Namen des Kakao-Trinkers.

Produkt: Eiscreme. SLO: Tolle, kleine Kühltasche, ideal für den Strand.

Abb. 53: Verpoorten, Homepage Intro 2006, Agentur Public, Köln

Ideen sollten Ihnen hierbei nicht ausgehen. Wichtig ist aber immer, dass die Angebote etwas Besonderes sind, etwas, das man so nicht im Laden kaufen kann, sei es durch das Branding oder das exklusive Design oder die witzige Idee.

Checkliste – so geht's schneller mit den Ideen

Sinn und Zweck der Zugabe:

- Aufwertung des Produkts
- kurzfristig Kaufimpulse bewirken
- Kaufanreiz verstärken

Mögliche Zugaben:

- Rezeptheftchen oder Kärtchen
- Leaflets über das Produkt
- preiswerte Kleinigkeiten …
- bis ganz teuer, nach oben keine Grenzen

Die Zugabe soll passen zu:

- Produkt
- Zielgruppe

Themen für Zugaben:

- Events:
    - Fußball-WM
    - Olympische Spiele
- Aktuelles aus Film und TV
    - Filme und deren Stars, für die die Zielgruppe schwärmt
    - TV-Serien, die bei der Zielgruppe in sind

Proben als Zugabe:

- passend zum Produkt
- Produktergänzung
- Produktneuheit
- kann aus demselben Konzern kommen

Texte für Zugaben:

- kurz
- sachlich
- prägnant
- auffordernd

Weitere Zusatznutzen:

- Geld-zurück-Garantie
- Self-Liquidating Offer

Was ist ein Self-Liquidating-Offer?

- ein Gegenstand passend zum Produkt, der zum Selbstkostenpreis verkauft wird
- meistens mit Branding

So machen Sie auf Self-Liquidating Offers aufmerksam:

- direkt am Produkt: Anhänger mit Coupon, Sticker
- Anzeigen mit Coupon
- Internet, Bestellung per E-Mail

Unterschied Self-Liquidating Offer und Zugaben:

- passen immer zum Produkt
- sind meistens teurer und hochwertiger als Zugaben

Übungen „Zugaben“

Lösungsvorschläge im Anhang – wie immer nur Vorschläge, denn gute Lösungen gibt es viele.

7.1 Entwickeln Sie Zugaben zu folgenden Produkten:

a. Produkt: Duschgel mit Peeling-Effekt
Zielgruppe: Frauen bis 40

b. Produkt: Powerdrink
Zielgruppe: sportliche Männer und Frauen

c. Produkt: Markenwein
Zielgruppe: anspruchsvolle Männer und Frauen

7.2 Entwickeln Sie Zugaben mit Themen aus Events, Trends und Highlights:

a. Produkt: Schokoriegel
Zielgruppe: Jungen

b. Produkt: Gesichtsreinigungsmilch „Girl“
Zielgruppe: junge Mädchen

c. Produkt: Autopflegemittel
Zielgruppe: Männer

7.3 Machen Sie die Probe zur Zugabe:

a. Produkt: Enthaarungscreme
Zielgruppe: junge Mädchen und Frauen

b. Produkt: Eierlikör
Zielgruppe: Cocktailfans

c. Produkt: Kaffee
Zielgruppe: Genießer

7.4 Texten Sie den Zugaben-Sticker:

a. Produkt: Alkopops
Zielgruppe: junge Leute
Zugabe: Mini-CD mit Hits aus der Alkopops-Werbung

b. Produkt: Fruchtsaft
Zielgruppe: Mütter mit Kindern
Zugabe: je ein Saftglas mit Obstdekor passend zur jeweiligen Sorte

c. Produkt: Bodylotion für Männer
   Zielgruppe: Männer
   Zugabe: Bundesligaplaner

7.5 Entwickeln Sie Self-Liquidating Offers:

a. Produkt: Weihnachtsplätzchen-Backmischungen
   Zielgruppe: Frauen und Männer, die gerne backen
b. Produkt: hochwertiger Markensekt
   Zielgruppe: anspruchsvolle Männer/Frauen, hohes Einkommen
c. Produkt: Saunaöl
   Zielgruppe: Wellness-Fans

8. Koop-Aktionen – ich fördere deinen Verkauf, du meinen

Koop ist die abgekürzte Form von Kooperation, und das bedeutet nichts anderes als Zusammenarbeit verschiedener Wirtschaftspartner. Eine Koop-Aktion – auch Cross-Promotion genannt – ist also eine Aktion, bei der mehrere Unternehmen zusammenarbeiten. Ihnen ist sicher schon so manche Koop-Aktion begegnet. Der eine verlost Gutscheine einer bekannten Hotelkette, der andere bietet als Self-Liquidator Kaffeetassen einer renommierten Porzellanmanufaktur an. Durch Nennung des Koop-Partners wird für diesen Werbung gemacht, wofür er wiederum den Gewinn fürs Preisausschreiben stiftet oder die Zugabe beziehungsweise den Self-Liquidator günstiger zur Verfügung stellt. Diese Vorgehensweise erfreut sich inzwischen großer Beliebtheit, bringt sie doch allen Beteiligten nur Vorteile: das Produkt der Aktion wird aufgewertet und sein Verkauf wird gefördert, der Koop-Partner bekommt für sein Produkt günstig Öffentlichkeitsarbeit und der Verbraucher kann mehr gewinnen oder eine wertvollere Zugabe bekommen.

Koop-Aktionen – Imagetransfer und Umsatzplus

Beide Koop-Partner wollen aus der Zusammenarbeit Nutzen ziehen. Einmal fürs Image: das positive Image des einen Partners soll sich positiv auf das des anderen übertragen und umgekehrt. Ebenso versprechen sich beide mehr Umsatz durch den gemeinsamen Auftritt. Das lassen sie sich was kosten. Häufig spendet der Koop-Partner nicht nur den Gewinn, er beteiligt sich auch mittels WKZ[1] an den Kosten der Aktion.

1. WKZ: Werbekostenzuschuss

Der Kooperationspartner – das sollte er erfüllen

Passend zum Produkt und zur Zielgruppe

Das ist immer die Grundvoraussetzung. Ob Gewinnspiel, Zugabe oder Self-Liquidator, die Koop-Partner müssen zusammenpassen, sich ergänzen und bei der Zielgruppe auf Akzeptanz stoßen.

Events und Trends, hautnah am Zeitgeschehen

Wie bei allen anderen Zusatzanreizen gilt das natürlich auch hier. Lassen Sie sich inspirieren von den Hits der Saison, von den Filmen und TV-Serien, die Ihre Zielgruppe liebt, und schon finden Sie den richtigen Koop-Partner.

Machen Sie Träume wahr – mit dem Koop-Partner klappt's

Da Sie die Gewinne des Preisausschreibens nicht aus der eigenen Tasche zahlen müssen, können Sie in die Vollen langen. Sorgen Sie dafür, dass Ihr Koop-Partner großzügig ist, und Ihre Aktion wird für beide Partner ein voller Erfolg. Eine Flugreise in die Karibik als Hauptgewinn ist ein größerer Anreiz als eine Busreise in den Schwarzwald. Je attraktiver der Preis, desto größer die Teilnahme, desto positivere Werbung für Ihr Produkt.

Alles im Rahmen – die Relationen müssen stimmen

Wenn das örtliche Fitnessstudio die benachbarte Volksbank als Koop-Partner gewinnt, dann wird nicht mehr als ein Sparbrief als Hauptgewinn rausspringen. Wenn allerdings ein landesweit verkaufter Schokoriegel mit einem großen Reiseveranstalter kooperiert, dann kann durchaus ein kostspieliger Cluburlaub für die ganze Familie der erste Preis sein.

Lernen vom Beispiel – so machen es die Profis

Ich habe einige sehr schöne und unterschiedliche Cross-Promotions als Beispiele gewinnen können. Lassen Sie sich davon für Ihre Aktionen inspirieren.

Gutfried Junior und Warner Bros. Entertainment

Die Geflügelwurst für Kinder weiß, was den kleinen Leckermäulchen gefällt: *Oh, wie schön ist Panama* mit dem kleinen Tiger, dem kleinen Bären und der Tigerente. Drum gibt es eine Zugabeaktion: auf jeder Packung Kinder-Geflügelwurst je ein 50-Cent-Kinogutschein für den Janosch-Film. Wer vier Packungen kauft, hat 2 Euro pro Kinokarte gespart, den Rest muss er selbst drauflegen, so sind die Regeln.

Abb. 54: Gutfried Junior Janosch-Aktion 2006, Ladenplakat, Agentur Ad & Vision, Dreieich

Zusätzlich zur Zugabe konnte man den kleinen Tiger als Plüschtier im Rahmen einer Instore-Verlosung direkt im Geschäft gewinnen – also noch eine weitere Motivation für den Handel, sich an der Aktion zu beteiligen.

Vorteile der Aktion:

- Förderung des Verkaufs von Gutfried Junior, denn man muss schon 4 Packungen kaufen, um 2 Euro an der Kinokasse zu sparen
- Werbung für den Film *Oh, wie schön ist Panama*

Viel Platz für Text gibt es nicht auf dem kleinen Leporello. Deshalb sind die Texte einfach und klar. Sie informieren ohne Umschweife und sind schnell verständlich.

Abb. 55: Gutfried Junior Janosch-Aktion 2006, Aktionspackung Agentur Ad & Vision, Dreieich

Abb. 56: Gutfried Junior Janosch-Aktion 2006, Leporello, Agentur Ad & Vision, Dreieich

Abb. 57: Gutfried Junior Janosch-Aktion 2006, Leporello, Agentur Ad & Vision, Dreieich

Gutfried und Tipp24

Mit der zugkräftigen Headline „Millionär gesucht" stattete Gutfried im Sommer 2006 seine Geflügelaufschnittpackungen aus. Millionär, das will doch jeder werden! Also kam viel Geflügelwurst aufs Brot – denn mit jeder Packung konnte man einmal kostenlos Lotto spielen.

Abb. 58: Gutfried Geflügelaufschnitt 2006, Tipp24-Aktion, Agentur Ad & Vision, Dreieich

Abb. 59: Gutfried Geflügelaufschnitt 2006, Tipp24-Aktion, Agentur Ad & Vision, Dreieich

Klar und direkt sagt es der Text auf dem Sticker:

Millionär gesucht!
Einmal kostenlos Lotto spielen mit jeder Packung!
Mehr Infos siehe Packungsrückseite.

Und der Koop-Partner ist mit seinem Logo vertreten: Tipp24.de
Auf der Rückseite kommt das verheißungsvolle Versprechen:
„... und mit ein bisschen Glück den Jackpot knacken!"
Zur Teilnahme am kostenlosen Lottospiel braucht man nur den persönlichen Glückscode im Internet einzugeben. Auch hier ein einfacher Text, klare Beschreibung, kein Firlefanz, sondern die Reduktion auf das Wesentliche:

- online anmelden
- 6 aus 49 wählen (staatliches Lotto)
- Code eingeben

Das versteht jeder und das arbeitet schnell. Der Einsatz ist gering – einmal Lotto spielen kostet nicht die Welt –, kann aber wesentlich mehr einbringen, wenn die richtigen Zahlen gezogen werden. Gleichzeitig wird der Anreiz erhöht, die Geflügelwurst zu kaufen, denn mit jeder Packung kann man ja erneut Lotto spielen. Und www.tipp24.de sowie das staatliche Lotto gewinnen vielleicht den einen oder anderen neuen Spieler. Eine tolle Idee, die mal vom üblichen Gewinnspiel abweicht.

Abb. 60: Gutfried Geflügelaufschnitt 2006, Tipp-24-Aktion, Agentur Ad & Vision, Dreieich

Freixenet, Iberostar und Condor

Der Marke Freixenet ist es gelungen, gleich zwei wertige Partner für eine Cross-Promotion zu gewinnen. Hero der Aktion ist der spanische Cava, dessen prickelndes Temperament so gut zum ausgelobten Preis – einer Reise nach Brasilien – passt.

In der Vorweihnachtszeit hat Sekt Saison, denn an den Feiertagen und eine Woche später zum Jahreswechsel lässt man bekanntlich gerne die Korken knallen. Wenn sich dann ein Produkt mit einer attraktiven Aktion aus der Masse abhebt, greift der Freund aller prickelnden Getränke besonders gerne zu. Durch den Zusatznutzen grenzt Freixenet sich von der Konkurrenz ab und bietet dem Verbraucher einen zusätzlichen Anreiz, dem Cava aus Spanien den Vorzug zu geben. Und das am besten gleich kartonweise, denn in den größeren Outlets à la Real und Toom machen große Platzierungen mit Sechserkartons auf Angebot und Aktion aufmerksam.

Abb. 61: Freixenet, Aktionsflasche, Koop-Aktion mit Condor und Iberostar 2006, Freixenet GmbH, Niederolm, Agentur Go! Advertising, Wiesbaden

Abb. 62: Freixenet, Leaflet-Innenseiten, Koop-Aktion mit Condor und Iberostar 2006, Freixenet GmbH, Niederolm, Agentur Go! Advertising, Wiesbaden

Schon außen auf dem Karton finden wir Key Visual und Motto, innen hängt an jeder Flasche ein Anhänger mit einem kleinen Aktions-Leaflet. So steht die Flasche natürlich auch auf ihrer Stammplatzierung im Regal.

„Lust auf ein prickelndes Abenteuer?", ist das Motto. Und weiter geht es mit der Gewinnauslobung im Flash: „11 Reisen nach Brasilien zu gewinnen!" Die Logos der beiden Kooperationspartner machen klar, dass diese Reisen nicht von schlechten Partnern sind: Iberostar und Condor bürgen schließlich für eine gewisse Qualität. Zur rechtlichen Absicherung heißt es auch noch: „Die Mitnahme dieses Flaschenanhängers verpflichtet nicht zum Kauf!"

Fantastisch, was sich alles auf einem kleinen Heftchen im Format DIN A8 unterbringen lässt.

„Sommer, Sonne, Samba“, unter dieser Headline wird erlebnisreich der zu erwartende Gewinn beschrieben, dass einem das Wasser im Munde zusammenläuft. Das 5-Sterne-Hotel Iberostar macht ebenso Lust wie die „atemberaubenden Strände und Lagunen“ und die „exquisite Gastronomie“. Da möchte doch jeder sich „14 Tage lang verwöhnen und verzaubern“ lassen mit dem „verführerischen Prickeln eines Glases Freixenet“. Und der Condor-Flieger „bringt Sie an das Ziel Ihrer All-Inclusive-Träume“. So sollen Reisen beschrieben werden! Wer das liest, fühlt sich schon in Brasilien, spürt die Sonne auf der Haut und das Perlen des spritzigen Cava auf der Zunge.
Jetzt muss man nur noch teilnehmen. „Gewinnen Sie einen Traumurlaub in Brasilien“ lautet die Headline über der Preisfrage: „Wie heißt der Cava von Freixenet in der schwarzen Flasche?“ Das richtige Lösungswort kann man für 49 Cent pro Anruf telefonisch oder kostenlos im Internet durchgeben.
Zum Glück steht die Lösung schon auf der Einklappseite des kleinen Sechsseiters:

Abb.63: Freixenet, Leaflet Einklappseite, Koop-Aktion mit Condor und Iberostar 2006, Freixenet GmbH, Niederolm, Agentur Go! Advertising, Wiesbaden

Appetitanregend wird der Cava in der magischen schwarzen Flasche hier beschrieben. Und den Namen erfahren wir auch gleich: Cordon Negro ist das Lösungswort – na, dann nichts wie hin nach Brasilien. Wer mehr wissen will, wird ins Internet geschickt:

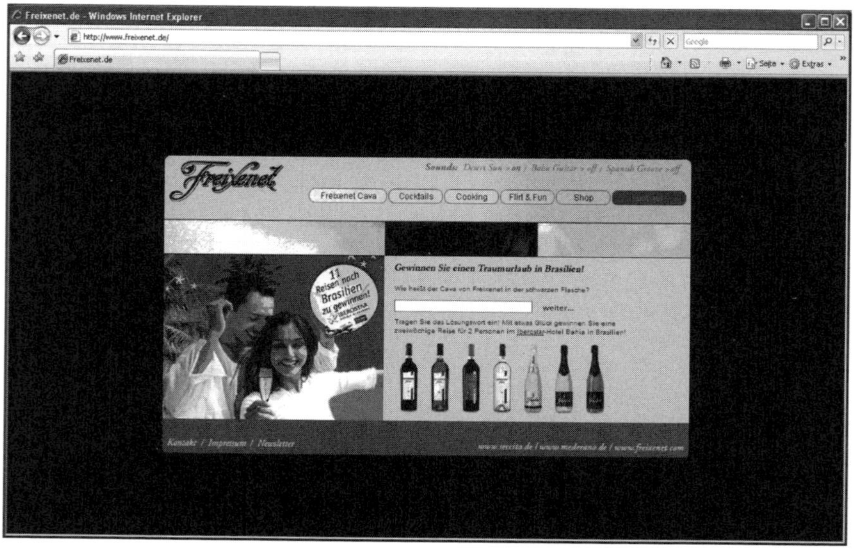

Abb. 64: Freixenet, Homepage 2006, Koop-Aktion mit Condor und Iberostar 2006, Freixenet GmbH, Niederolm, Agentur Go! Advertising, Wiesbaden

Zu südamerikanischen Klängen wird hier die Aktion ausgelobt. Per Link kommt der User auch auf die Iberostar-Homepage, womit der Koop-Partner ebenfalls von der Aktion profitiert.

Eine gelungene Cross-Promotion, bei der alles passt:

- Die Kooperations-Partner passen zusammen.
- Der attraktive Preis passt zum Produkt und der Zielgruppe.
- Die Verzahnung von Internet und Aktion im Handel passt.

Insgesamt eine gute und sympathische Aktion, sich in der Hochsaison für Sekt & Co. von der Konkurrenz abzusetzen, kurzfristig den Verkauf zu erhöhen und langfristig Markenbindung und -attraktivität zu stärken.

Lohrengel und DERTOUR

Was macht ein mittelständisches Unternehmen, das mit einem knapp bemessenen Werbeetat erfolgreich seine ständig neue Zielgruppe erreichen will? Ganz einfach: es sucht sich für seine Honeymoon-Aktion einen starken Koop-Partner und wertet mit einem sehr attraktiven Gewinn die Aktion auf.

Abb. 65: Lohrengel, Fuldabrück, Flyer Honeymoon-Aktion 2006, Titelseite, Agentur FirstB2B Communications, Kassel/Hanau

Der sechsseitige Flyer macht schon auf der Titelseite deutlich, wer der Kooperationspartner ist. Das Logo von DERTOUR prangt unübersehbar oben rechts. Der Flyer ist insgesamt edel gestaltet und orientiert sich am CD von Lohrengel, der Text ist im Stil der Corporate Tonality gehalten. Das Motto „Lohrengel Honeymoon Gewinnspiel“ und die Gewinnauslobung in Text und Bild machen auf die Innenseiten neugierig.

Abb. 66: Lohrengel, Fuldabrück, Flyer Honeymoon-Aktion 2006, Innenseiten, Agentur FirstB2B Communications, Kassel/Hanau

Auf der ersten der drei Innenseiten wird die Promotion vorgestellt. „Gewinnen Sie Ihre Hochzeitsreise", heißt es ganz unmissverständlich und weiter unten lesen wir, dass es nicht einfach in den Schwarzwald geht: „1. Preis: 7-tägige DERTOUR-Traumreise nach Mauritius." Und der edle Spender wird auch nicht verschwiegen.

Auf den beiden nächsten Innenseiten werden unter der Headline „5 Engel für Ihre Hochzeit" die wichtigen Imagefaktoren abgehandelt. Diese Vorteile, die die Braut beim Kauf eines Lohrengel-Kleides hat, sind Thema des Gewinnspiels.

Die Einklappseite steht ganz im Zeichen der Promotion. Denn auf die Preisfrage „Wie viele Engel begleiten Sie zu Ihrem Traum-Hochzeitskleid?" gibt es natürlich nur eine Antwort, die man per Multiple Choice ankreuzen kann. Sehr schön ist hier die Headline: „Zum Honeymoon nach Mauritius – mit den Glücks-(Lohr)-engeln!"

Abb. 67: Lohrengel, Fuldabrück, Flyer Honeymoon-Aktion 2006, Einklappseite, Agentur FirstB2B Communications, Kassel/Hanau

Insgesamt ist das eine runde Aktion, die in Stil, Mechanik und Gewinn der Zielgruppe und der Marke Lohrengel gerecht wird. Darüber hinaus kann Lohrengel durch die Kooperation mit dem Reiseveranstalter seiner Klientel ein Gewinnspiel mit einem attraktiven Preis bieten, ohne dabei allzu tief in die Tasche greifen zu müssen.

Checkliste – wie Sie den richtigen Koop-Partner finden

Koop-Aktion (Cross-Promotion) schafft

- Imagetransfers und
- Umsatzplus
- für beide Kooperationspartner

Leistungen der Kooperationspartner:

- Gewinne zum Preisausschreiben beisteuern
- Beteiligung an den Werbekosten

Abb. 68: Lohrengel, Fuldabrück, Flyer Honeymoon-Aktion 2006, Rückseite, Agentur FirstB2B Communications, Kassel/Hanau

Der Kooperationspartner muss passen zu

- Produkt
- Zielgruppe

Koop-Partner entsprechend Events und Trends:

- Hits der Saison
- sportliche Ereignisse
- kulturelle Ereignisse
- Filme und TV-Serien, die die Zielgruppe liebt

Machen Sie Träume wahr:

- Koop-Partner spendet Gewinn
- je großzügiger der Gewinn, desto größer die Teilnahme
- desto positivere Werbung für Ihr Produkt

Die Relationen müssen stimmen:

- Kooperationspartner und Gewinne müssen von der Größe her zueinander passen

Übungen zu „Koop-Aktionen"

8.1 Welche Koop-Partner passen zu:

a. Fitnessdrink
b. Hautpflegeserie für junge Mädchen
c. örtliches Küchenstudio

8.2 Was können folgende Koop-Partner für das Produkt tun:

a. Produkt: Fitnessriegel
   Koop-Partner: Fahrradhersteller
b. Produkt: örtlicher Jeansshop
   Koop-Partner: Disco
c. Produkt: Hautpflegeserie für Männer
   Koop-Partner: Fußballzeitschrift *Kicker*

8.3 Finden Sie Koop-Partner und Zusatznutzen passend zu Produkt und Event:

a. Produkt: koffeinfreie Kaffeepads
   Event: Musical-Premiere in Hamburg
b. Produkt: örtliches Autohaus
   Event: 500-Jahr-Feier der Stadt
c. Produkt: Fertiggerichte für Singles
   Event: Love Parade in Berlin

9. Point of Sale – immer schön präsent am Ort des Verkaufs

Was wir auf Deutsch Laden, Geschäft oder Markt nennen, heißt in der Marketing-Sprache Point of Sale und Point of Purchase. Es bedeutet Verkaufs- oder auch Einkaufsstelle, immer je nach Sichtweise. Für den Handel ist es der Verkaufspunkt, für den Verbraucher der Einkaufsort. Der POS hat für den Händler imagebildende Funktion, deshalb ist es für ihn ungemein wichtig, dass sich sein Handelsunternehmen auf dieser Plattform attraktiv und verkaufsaktiv präsentiert. Auch weiß man inzwischen, dass die Konsumenten ihre Kaufentscheidung verstärkt im Handel treffen. Drum gewinnt der POS verstärkt an Bedeutung. Der Kunde wird hier immer mehr Reizen ausgesetzt. Nicht die einfache Warenpräsentation ist entscheidend, vielmehr kämpfen die Produkte mit farbenfrohen Werbemitteln, zusätzlichen Kaufanreizen und großartigen Versprechen um die Gunst des Konsumenten.

Die Regalplatzierung – der Stammplatz des Produkts

Wenn nicht gerade mal wieder alles umgeräumt worden ist, weiß man eigentlich, wo man was findet im heimischen Supermarkt. Die Backmischung steht immer da hinten links und der Ketchup in der dritten Reihe rechts. Wie schön, dass es ihn gibt, den Regalplatz, kann ich doch so schnell und gezielt meine Einkäufe erledigen.

Aber auch hier, am Stammplatz des Produkts, kann man aufmerksamkeitsstark aus dem Rahmen fallen. So schaffen Aktionspackungen mit Zugabe und Sticker zusätzlich Kaufanreize. Auch an der Regalpreisschiene lassen sich Hinweise wie „Top-Angebot“ oder ein Aktionshinweis „jetzt mit Fußballsticker“ anbringen. Aber das schönste Werbemittel im Regal ist der Regalstopper. An ihm kommt keiner vorbei. Frech drängt er sich aus dem Regal hervor, wippt ein wenig herum, ist meistens mit dem Aktionsmotto versehen und fordert uns damit klar auf, dieses Produkt und kein anderes zu kaufen.

Abb. 69: Gutfried, Regalstopper 2006, Agentur Ad & Vision, Dreieich

Ein Prachtexemplar von einem Regalstopper sehen Sie oben. Er wirbt für die Gutfried Scrabble-Aktion. Da die Geflügelwurst im Kühlregal verkauft wird, hat sie im Allgemeinen außer dem Regalplatz keinen speziellen Aktionsplatz. Deshalb ist die verkaufsfördernde Ausstattung am Stammplatz sehr wichtig. Der Regalstopper hat natürlich auch einen englischen Namen: Wobbler. Ob englisch oder deutsch, in jedem Fall ist ein bewegliches, wippendes Ding gemeint, das durch Farbe, Headline und nicht zuletzt die Bewegung auf sich und das Produkt aufmerksam macht.

Die Zweitplatzierung – von der Palette in den Einkaufswagen

Ein sehr wichtiges Aktionsvehikel am POS: die Palette. Auf ihr präsentiert sich die gesamte Aktionsware fix und fertig zum Verkauf. Mit Palettenschürze drumherum, obendrüber eine Topperpappe, manchmal ist hier auch gleich der Dispenser mit den Teilnahmekarten angebracht – im Prinzip findet die ganze Aktion mitsamt der Aktionsware auf der Grundfläche einer Palette statt, die auch als Viertel- oder Halbpalette kleiner sein kann. Interessant ist das nebenstehende Drehdisplay: ein Motor sorgt dafür, dass das Aktionsplakat sich dreht.

Abb. 70: Hassia, Palettenplatzierung 2006, Agentur Ufer & Cie., Frankfurt

Sehr schön erkennen Sie am Hassia-Beispiel das Zusammenspiel der Werbemittel. Die Palette an sich, unten die Palettenschürze mit Aktionsmotto und Gewinnauslobung. An der Palette der Dispenser mit den Teilnahmekarten, über der Palette die Topperpappe und daneben nochmals ein Ständer mit Aktionsplakat. Alles durchgängig gestaltet mit den drei wichtigsten Bestandteilen der Promotion:

- Aktionsmotto: Tour de Natur
- Gewinnauslobung: ein Hymer-Reisemobil zu gewinnen
- Key Visual: Reisemobil

Die ganze Aktion wird mit dem Gabelstapler in den Markt gefahren, abverkauft und wieder weg damit. Der Aktionszeitraum ist kurz, Verkaufsförderung ist schnelllebig, denn kaum ist die Palette leer, muss sie Platz für die nächste machen.

Abb. 71: Allgäuer Alpenmilch GmbH, Palettenplatzierung Bärenmarke Cappuccino-Schaum 2006, Agentur Domino Werbung & Kommunikation, Damflos

Auf der Viertelpalette, ein Mehrwegteil, das nach Abverkauf umweltfreundlich für die nächste Ware verwendet wird, sehen Sie verkaufsaktiv den Bärenmarke Cappuccino-Schaum präsentiert. Das Topschild verkündet den Zusatzanreiz: Cappuccino-Schablonen als Zugabe, natürlich mit dem Konterfei des kleinen Bären. Damit schäumt man doch gerne seinen Kaffee!

Das Verkaufsdisplay – die etwas edlere Art der Aktionsplatzierung

Natürlich muss sich ein Kirschwasser aus dem Hause Schladerer edler präsentieren als ein Wasser. Schließlich ist es hochpreisiger und wird auch nicht so viel getrunken – zum Glück! – wie der Sprudel, der gleich kistenweise von der Palette verkauft wird.

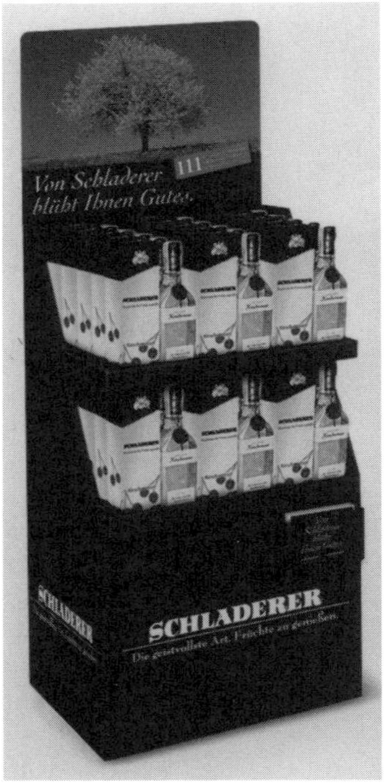

Abb. 72: Alfred Schladerer GmbH, Staufen, 60er Display, 2006, Agentur Werbung etc. Stuttgart

Das Aktionsdisplay von Schladerer zur Kirschblütenaktion vereint auch wieder die ganze Aktion auf kleinem Raum. Wir wissen ja, der Platz im Handel ist begrenzt, da muss man schon bei der Gestaltung sparsam sein. Im Salesfolder wurden dem Handel zwei Display-Größen angeboten: ein 30er und ein 60er Display. Es sieht fast aus wie ein Shop im Shop in dezentem

Dunkelrot und den ordentlich präsentierten Flaschen zum Teil mit, zum Teil ohne Umkarton.
Das Display ist versehen mit Topschild - so heißt das beim Display - und Dispenser mit Teilnahmekarten, alles immer mit Key Visual und Aktionsmotto. Die Gewinnauslobung erfolgt mittels eines roten Flashs „111 Schladerer Kirschbäume aus dem Schwarzwald zu gewinnen!" Wenn einem so viel Gutes blüht, dann greift der Freund des edlen Geistes doch gerne zu!

Eiskalt erwischt – der kleine Tiger in der Kühltruhe

Abb. 73: Gutfried Junior, Aktionsplatzierung 2006, Agentur Ad & Vision, Dreieich

Wurst muss gekühlt angeboten werden. Und da dem so ist, wird eben gleich eine ganze Kühltruhe zur Aktionsplatzierung. Alle Aktionsmittel befinden sich direkt an der kalten Platzierung, sogar der kleine Tiger aus Plüsch, den man im Rahmen einer Instore-Verlosung gewinnen kann, wird hier in echt präsentiert. Der Dispenser mit Teilnahmekarten und auch gleich die Box, in die die ausgefüllten Karten eingeworfen werden, sind an der Platzierung angebracht. Hier wird die ganze Aktion abgehandelt: die Zugaben auf der Packung und die zusätzliche Instore-Verlosung. Wie immer durchgängig gestaltet mit Key Visual, Motto, Gewinnauslobung und Zusatznutzen.

Plakate, Dispenser, Deckenhänger – es geht noch mehr

Alles, was Aufmerksamkeit schafft und den Verkauf fördert, ist am POS willkommen, sofern der Gewinn für den Handel stimmt und der Platz vorhanden ist. So gibt es denn auch nichts, was die Displayhersteller nicht entwickeln und produzieren können.
Viele Inspirationen finden Sie natürlich im Handel und ganz bequem im Internet. Geben Sie einfach bei Google das Stichwort Display ein, und schon bekommen Sie eine Reihe Links zu Displayherstellern, die auf ihren Homepages eine Vielzahl von Ladendekos vorstellen.
Am POS werben folgende Werbemittel um den geneigten Kunden – ich erhebe keinen Anspruch auf Vollständigkeit:

- Display/Palette
- Palettenschürze
- Palettenecke
- Topperpappe
- Ladenplakat
- Produkt-Dispenser
- Dispenser mit Teilnahmekarten
- Regalstopper/Wobbler
- Standfiguren – die Werbefigur als Pappkamerad
- Gewinnbox – hier werden die Teilnahmekarten eingeworfen

Der Text – immer hautnah an der Kernaussage

Das Motto der Aktion und die Auslobung des Zusatznutzens wiederholen sich konsequent auf allen Werbemitteln einer Verkaufsförderungsaktion. Das ist für den Texter bequem, er braucht nur einmal zu texten, der Vkf-Gestalter muss da schon fleißiger sein. Zwar verwendet er auch immer wieder das Key Visual und die gleichen Headlines, aber er muss seine Gestaltung stets dem Werbemittel und seiner Größe anpassen. Im Prinzip muss alles genau so gut auf die wenige Quadratzentimeter kleine Fläche eines Regalstoppers passen wie auf ein großformatiges Ladenplakat.

Abb. 74: Hassia, Bad Vilbel, Key Visual 2005, Agentur Ufer & Cie., Frankfurt

Hier sehen Sie ein klassisches Key Visual. So wird es verwendet auf allen Werbemitteln der Aktion:

- Großflächenplakat
- Teilnahmekarte
- Topperpappe
- Aktionsplakat am POS
- Drehplakat
- Produktausstattung: Flaschenetiketten
- Palettenummantelung

Auf all diesen Werbemitteln steht auch groß das Motto:

Hassia. Tour de Natur.

Im roten Flash kommt die Auslobung des zusätzlichen Anreizes:

Ein Hymer Reisemobil EXSIS
und 1000 Kajaks zu gewinnen.
Tel. 01805/4442 (0,12 €/Min.)

Der rote Flash mit der wichtigsten Aktionsaussage erscheint auch überall da alleine – also ohne Key Visual und Motto –, wo der Platz nicht für mehr Abbildungen und Text ausreicht.
Alles ganz einfach? Ja, für den geübten Vkf-Texter auf jeden Fall. Und damit Sie es auch werden, hier die Checkliste und die Übungen.

Checklist – für mehr Abverkauf am POS

Verkaufsförderungsmittel am POS

- Deckenhänger
- Display/Palette
- Palettenschürze
- Palettenecke
- Topperpappe
- Ladenplakat
- Produkt-Dispenser
- Dispenser mit Teilnahmekarten
- Regalstopper/Wobbler
- Standfiguren: Werbefigur als Pappkamerad
- Gewinnbox für Teilnahmekarten

Platzierungen

- Regalplatzierung: Stammplatz des Produkts
- Zweitplatzierung/Aktionsplatzierung

Zweitplatzierung mit Aktionsware

- Palette
- Halbpalette
- Viertelpalette
- Verkaufsdisplay

Ausstattung der Zweitplatzierung

- Topperpappe/Aktionsplakat
- Palettenschürze

- Dispenser mit Teilnahmekarten

Durchgängige Gestaltung der Aktionsmittel mit den Inhalten
- Aktionsmotto
- Key Visual
- Zusatznutzen
- Gewinnspielmechanik
- Gewinnauslobung

Der Text: Penetration durch Wiederholung
- Motto der Aktion
- Auslobung des Zusatznutzens

Übungen POS

9.1 Texten Sie einen Regalstopper:

a. Produkt: Soßen-Fix-Produkt
Aktion: drei Tüten kaufen, zwei bezahlen

b. Produkt: Instant-Kakao
Aktion: Treueaktion. Auf jeder Packung 1 Treuepunkt, für 3 Treuepunkte Designer-Kakaobecher

c. Produkt: Bodylotion
Aktion: Geld-zurück-Aktion

9.2. Texten Sie ein Top-Schild

a. Produkt: Herrenpflegeserie
Koop-Aktion mit *Kicker*: ein kostenloses, vierwöchiges Probeabo

b. Produkt: Markenwein
Zugabeaktion: ein Flaschenverschluss an jeder Flasche

c. Produkt: Backmischung
Preisausschreiben: Reise nach Wien zu gewinnen.

9.3 Texten Sie die Aktionsmittel folgender Aktion

Produkt: Weichspüler mit dem Duft nach frischer Seeluft
Gewinnspielmechanik: Wonach duftet der neue Weichspüler?
Preise: 3 Reisen nach Holland, 33 flauschige Bademäntel, 333 flauschige Badetücher
Aktionsmittel: Topschild, Palettenschürze, Regalstopper

10. Vkf im Internet – nichts geht mehr ohne WWW

So wie im 19. Jahrhundert die Dampfmaschine hat im ausgehenden 20. Jahrhundert das Internet eine industrielle Revolution bewirkt. Ganze Wirtschaftsprozesse sowie das Kauf- und Informationsverhalten weiter Kreise der Bevölkerung haben sich durch das Internet verändert. Inzwischen kann jedes Kind damit umgehen und selbst in den Kreisen der Best Ager gehört das World Wide Web zum Hausgebrauch. Im Internet können Sie einkaufen – das nennt man E-Commerce –, kostenlose Dienstleistungen wie Routenplanung, Preisvergleiche und Lexika nutzen und sich über alles, was es gibt, informieren. Zeitungen und Zeitschriften haben ihre eigenen Homepages, die häufig zu Internetzeitungen werden, Versandhäuser verkaufen ihre Ware über den virtuellen Katalog und Unternehmen nutzen das WWW zur Kundenpflege.

Spielen, kaufen, informieren – im WWW ist alles möglich

Bei www.siemens.de bestelle ich Ersatzteile für meinen Staubsauger, bei www.knorr.de bekomme ich Kochrezepte und bei www.oetker.de Tipps für meine Sonntagstorte. Ja, wir können sogar ganze Werbefilme im Internet sehen. Besseresser klicken sich ein unter www.hilcona.com und freuen sich an lustigen Werbespots, in denen auf skurrile Art Platz im Kühlschrank gemacht wird. Auf unzähligen Homepages kann ich an Gewinnspielen teilnehmen, die passenden Gläser zu meinem Lieblingsschnaps bestellen, T-Shirts mit lustigen Aufdrucken aussuchen, Kultiges für Fans kaufen … es gibt nichts, was es im Internet nicht gibt. Und das gilt auch für die Verkaufsförderung, die durch das Internet noch kreativer und interessanter wird und noch mehr Anreize bietet.

Alles Peanuts – kostengünstig werben im Internet

Immer mehr wird das Internet zur Plattform für Werbung und Verkaufsförderung, nahezu jede Verkaufsförderungsaktion wird hier unterstützt. Denn im Gegensatz zu Werbung in den Tageszeitungen und Zeitschriften sowie in den Fernseh- und Rundfunksendern sind die Kosten für eine Homepage Peanuts. Ob der kleine Mann von der Straße oder der Multikonzern, alle zahlen für ihre Homepage den mehr oder weniger gleichen Betrag, der ein paar Euro pro Monat kaum übersteigt.

Interaktion per Internet – preiswert, praktisch, schnell

Das kommt auch noch hinzu: Im Internet kann der Verbraucher gleich reagieren, es kommt zu Interaktion. Auch ist sofort ein Dialog möglich. Nahezu jede Teilnahme an einem Preisausschreiben ist übers Internet möglich. Das kostet so gut wie nichts, noch nicht einmal eine Briefmarke oder die berühmten 12 Cent pro Telefonminute.
Aber nicht nur die Teilnahme am Preisausschreiben ist möglich, ganze Spielmechaniken werden im Internet abgehandelt. Da können Bälle auf Torwände geschossen werden, und je nach Trefferquote werden sie von einem imaginären Publikum frenetisch bejubelt – oder auch, wenn's daneben geht.
Bei allen Spielen sollte der Spielspaß nicht zu kurz kommen. Die Spiele sollten Spaß machen und nicht langweilig werden. Auch dürfen sie nicht zu leicht – dann wird's langweilig – oder zu schwer sein – wer ständig nur Misserfolge hat, dem vergeht die Lust am Spielen und damit auch die Freude am Produkt. Wogegen ein Spiel, das eine gewisse Herausforderung darstellt und Erfolg bringt, gerne öfter gespielt wird. Die positive Einstellung überträgt sich dann auch auf das Produkt.

Vkf im Internet – Unterstützung der Aktion im Handel

Wann immer andere Medien als die im Handel in der Vkf eingespannt werden, ist es deren Aufgabe, die Aktion am POS zu unterstützen und

Kunden ins Geschäft zu bringen. Das gilt in besonderem Maße auch für das Internet. Häufig sind die Aktionen im Internet identisch mit denen im Handel. Motto, Mechanik und Gewinne sind gleich, nur die Möglichkeit, per E-Mail teilzunehmen, macht den Unterschied. Oft sind es aber auch ganz eigenständige Aktionen, die vor allem die zusätzlichen Möglichkeiten des Internets nutzen:

- Spielmechaniken
- Animation
- Soundeffekte
- Interaktion

Die Vkf-Maßnahmen im Internet sind natürlich auch ein starkes Argument gegenüber dem Handel. Und das gehört unbedingt in den Salesfolder: „Verkaufsaktive Unterstützung im Internet. So bringen wir Kunden in Ihr Geschäft."
Im Folgenden stelle ich Ihnen drei beispielhafte Aktionen im Internet vor. Von namhaften Unternehmen, sehr aufwendig gestaltet und konzipiert und mit interessanten Spielmechaniken.

Milka – und die Welt ist lila

So schön wie die lila Kuh ist auch ihre Homepage. Die Möglichkeiten, in die Welt „der zartesten Versuchung, seit es Schokolade gibt" einzutauchen, sind fast grenzenlos. „Milka macht glücklich" verspricht die Startseite, was ja auch stimmt, denn Schokolade setzt bekanntlich Glückshormone frei.
Die Milka-Homepage bietet dem Milka-Fan eine Vielzahl von Möglichkeiten, sich mit dem Produkt zu beschäftigen. Am besten testen Sie es selbst und klicken sich mal ein unter www.milka.de.
In erster Linie sind die Angebote auf der Milka-Homepage unter Kundenpflege zu verbuchen. So können Sie Mitglied in der Milka.Kuh-Munity werden, spielerisch Punkte sammeln und dafür Milka-Fan-Artikel ersteigern. Im Milka-Shop können Sie alles, was Sie schon immer in Lila haben wollten, kaufen. Ob Mütze mit den Kuhhörnern, ku(h)le Geschenke oder Ku(h)ltiges – alles ist lila und hat was mit der Kuh zu tun. Insgesamt ist die Seite sehr liebevoll und witzig gestaltet und immer einen Besuch wert. Einen Schmunzler haben die Wortspielereien mit der Kuh verdient – echt ku(h)l.

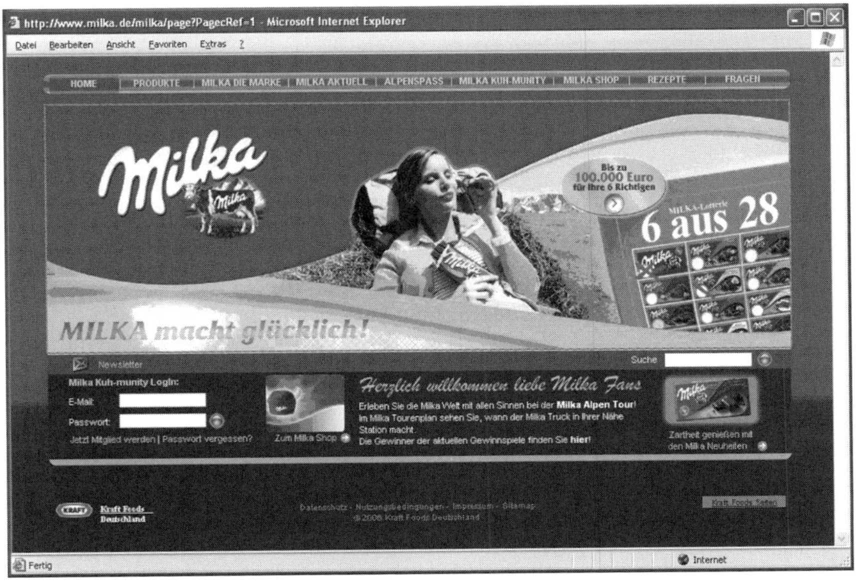

Abb. 75, Kraft Foods, Milka-Homepage Nov. 2006, Startseite, Agentur artundweise, Bremen

Im November 2006 lief eine spannende Aktion mit interessanter Gewinnspielmechanik auf der lila Homepage:

Die Milka-Lotto-Aktion: 6 aus 28.

Abb. 76: Kraft Foods, Milka-Homepage Nov. 2006, Aktionsflash, Agentur artundweise, Bremen

Bereits auf der Startseite verspricht ein Flash einen satten Hauptgewinn von bis zu 100.000 Euro bei sechs Richtigen. Einfach auf den Pfeil klicken und los geht's.

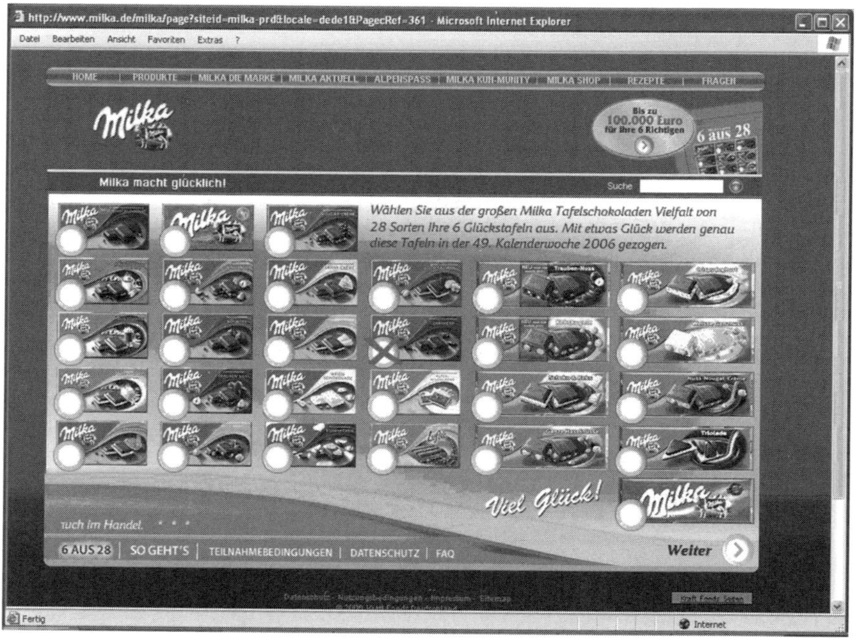

Abb. 77: Kraft Foods, Milka-Homepage Nov. 2006, Gewinnspiel, Agentur artundweise, Bremen

6 aus 28 heißt das Gewinnspiel, bei dem Sie unter 28 leckeren Milka-Tafeln, eine verführerischer als die andere, sechs auswählen dürfen, um am Lotto teilzunehmen. Natürlich darf man im Internet nur einmal mitmachen, denn eigentlich soll die Aktion ja den Verkauf fördern und Kunden ins Geschäft bringen. Deshalb sollen die Milka-Fans sich weitere Lotteriescheine im Handel besorgen.

Das Gewinnspiel wird zum Lernspiel. Entdecken wir hier doch spielerisch all die leckeren Tafeln Schokolade aus dem Hause Milka. Gewünschtes Ziel ist natürlich, dass der Verbraucher auf den Geschmack kommt und beim nächsten Einkauf die eine oder andere Sorte in den Einkaufswagen legt. Die Beschäftigung mit dem Produkt durch das Gewinnspiel soll den Verbraucher in den Handel bringen und dort zum Kauf anregen.

Auf dem Teilnahmeschein geben Sie Ihre persönlichen Daten an und tragen den angegebenen Fairnesscode ein. Als Nächstes erhalten Sie eine E-Mail und können Ihre Teilnahme am Gewinnspiel bestätigen.

Abb. 78: Kraft Foods, Milka-Homepage Nov. 2006, Startseite, Agentur artundweise, Bremen

Die Gewinnermittlung und -verteilung orientiert sich am großen Vorbild Lotto: es werden sechs Tafeln gezogen, wer diese getippt hat, gewinnt. Haben mehrere Teilnehmer den gleichen Tipp abgegeben, wird der Gewinn unter ihnen aufgeteilt. Sollte allerdings niemand sechs Richtige haben, dann bleibt das Geld bei Milka.

Das Internet Milka-Gewinnspiel 6 aus 28 im Überblick:

Motto:	6 aus 28
Mechanik:	Lotto: aus 28 Tafeln Milka 6 ankreuzen
Ablauf:	im Internet tippen und Teilnahmeschein ausfüllen. Per E-Mail bestätigen
Gewinn:	100.000 Euro für sechs Richtige, bei mehreren richtigen Tippern wird der Gewinn unter diesen aufgeteilt

Einschränkung:	Pro Teilnehmer ist nur ein Lotterieschein im Internet verfügbar. Weitere Lotteriescheine gibt es im Handel.

Die Sprache im Milka-Gewinnspiel

Hier wird nicht groß drumherum geredet, hier gibt es keine emotionale Ansprache, sondern alles kommt ganz sachlich daher. Wie immer in der Verkaufsförderung ist die Sprache einfach, klar und verständlich. Denn das Ziel ist, dass jeder den Ablauf versteht, und zwar unmissverständlich. Jede Aussage muss eindeutig sein, kein Versprechen darf Interpretationen zulassen.

Nehmen wir mal die Headline auf dem Aktionsflash „Bis zu 100.000 Euro für Ihre 6 Richtigen". „Bis zu" macht klar, dass höchstens die volle Summe zu gewinnen ist, dass aber auch weniger drin sein kann.

Das Motto „6 aus 28" ist wie die Spielmechanik dem Lotto entnommen, heißt es dort doch „6 aus 49", das ist bekannt, das kennt jeder. Bei „6 aus 28" weiß man also sofort, worum es geht. Und das ist wiederum wichtig in der Verkaufsförderung: sie muss schnell arbeiten, die Texte müssen sofort verstanden und in Handlungen – sprich Teilnahme – umgesetzt werden.

Jägermeister – wild unterwegs

Jägermeister ist Kult und die Homepage erst recht. Voll abgestimmt auf die größtenteils junge und jung gebliebene Zielgruppe hat es die traditionsreiche Marke geschafft, statt in ein nahe liegendes Trachtenjackenimage abzurutschen, der absolute Trendlikör nicht nur bei jungen Jeansträgern zu werden. Dickes Lob gebührt hier der Werbung, die immer einen Tick mutiger war als die Konkurrenz. Der große Umschwung kam sicher in den siebziger Jahren mit der „Ich-trinke-Jägermeister-Kampagne", die nach über 3000 Unikat-Anzeigen so bekannt war, dass sie auch ohne Flasche und Headline funktionierte. Ein Wagnis, das sonst nur der Marlboro-Mann eingehen konnte.

Dieser kleine Ausflug zu einem Klassiker der Werbung soll nur belegen, wie gut der Kräuterlikör aus Wolfenbüttel es schon immer verstand, ganz nah am Puls der Zeit zu sein. Bereits in den siebziger Jahren war Jägermeister das Kultgetränk par excellence, eine Position, die die Flasche mit dem Hirsch sich nicht nur erhalten, sondern systematisch und sympathisch ausbauen konnte. Jägermeister ist jung, und das seit Generationen.

Abb. 79: Jägermeister, Anzeige 1978, Agentur GGK Düsseldorf

Das Internet als Medium, das vornehmlich von jüngeren Leuten genutzt wird, bietet natürlich auch der ewig jungen Kultmarke eine ideale Plattform. Die Homepage dient auch hier in erster Linie der Kundenpflege und -bindung. Unter dem Namen Wildshopping werden herrlich skurrile Fanartikel angeboten, die so gar nichts mit einer zünftigen Jagdgesellschaft gemein haben – man nehme nur den Toaster, der das Geweih auf die Brotscheibe brennt. Und natürlich gibt es Rezepte für Jägerdrinks und Jägercocktails, einen Party-Guide mit Tipps für Jägermeister-Events in den angesagten Clubs der deutschen Großstädte … am besten, Sie klicken sich selbst mal rein unter www.jaegermeister.de – eine der wildesten Seiten im Internet mit garantiert hohem Spaßfaktor.
Schon die Begrüßung macht Laune: Rudi und Ralph, die beiden Hirsche, haben immer wieder andere dumme Sprüche drauf. Natürlich muss man die 18 Jahre überschritten haben, um reinzukommen. Und dann geht's richtig wild los.

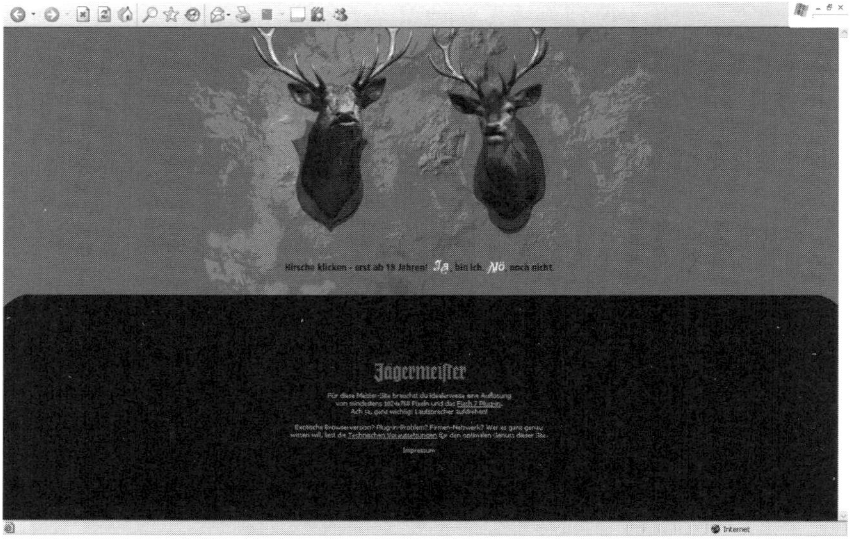

Abb. 80: Jägermeister, Homepage Nov. 2006, Startseite, Agentur Berger Baader Hermes, München

Die Jägermeister Wild-unterwegs-Aktion

„Shirt an, Bauch rein, Brust raus, Klick!“ lautet die Aufforderung für den Fotowettbewerb. Das Foto kann man gleich von der eigenen Festplatte hochladen, das beste Bild wird von der Jägermeister-Community prämiert und gewinnt.
Die Aktion ist komplett auf die Jägermeister-Zielgruppe zugeschnitten. Der Gewinn, die Gestaltung und natürlich auch die Sprache – hier der Text:

Shirt an, Bauch rein, Brust raus, Klick!
Das ist die Chance auf die abgefahrenste Nacht deines Lebens: Du und 5 Freunde, mit dem Jägermeister Party-Team und der Hummer-Stretchlimousine durch Berlin, inkl. coolem Hotel, Anfahrt und 1000 Euro Taschengeld. Wie das? Fotografier dich so wild, wie es die Welt noch nicht gesehen hat, und nimm an unserem Fotowettbewerb teil. Wer die Vollgas-Nacht gewinnt, entscheidet die Jägermeister-Community.

Jetzt mitmachen und gewinnen!
Hier kannst du deinen Scharfschuss direkt von Festplatte hochladen! Nicht lange wackeln ...

Abb. 81: Jägermeister, Homepage Nov. 2006, Fotowettbewerb, Agentur Berger Baader Hermes, München

Der Leser wird geduzt, das passt. Die Sätze sind kurz, die Sprache ist jung: abgefahren, cool, Scharfschuss, um nur einige Beispiele zu nennen. Sehr schön das Wortspiel: Nicht lange wackeln statt nicht lange fackeln.

Abb. 82: Jägermeister, Homepage Nov. 2006, Fotowettbewerb, Agentur Berger Baader Hermes, München

Die Gewinnbeschreibung ist cool, wild und abgefahren – wie der Gewinn selbst:

> Gewinne die Jägermeister Vollgas-Nacht in Berlin!
>
> Ein Schuss, 6 Volltreffer. Wird dein Foto zum wildesten WildBild gewählt, kannst du dir von deinen 5 besten Freunden schon mal ausgiebig die Füße küssen lassen. Jägermeister stopft euch die Taschen voller Trinkgeld und fährt euch im coolsten Hauptstadt-Taxi der Welt von Club zu Club. Alles in Berlin und alles inklusive!
>
> Ein Taxi, das rockt, chauffiert euch von Club zu Club.
> Das Jägermeister **Party-Team** heizt ein!
> **1000 Euro** Taschengeld
>
> **Übernachtung** für 6 in einem abgefahrenen Hotel inkl. An- und Abreise!

Das macht natürlich Laune, wenn alles so rund ist. Gestaltung, Sprache, Preise – auf dieser Homepage fühlt sich der Jägermeister-Fan zu Hause und bei einer solchen Aktion macht er nur zu gerne mit.

Die Jägermeister Internet-Aktion „Wild unterwegs" im Überblick:

Motto:	**Wild unterwegs**
Mechanik:	Fotowettbewerb
Ablauf:	Fotografieren, Foto im Internet auf die Homepage laden Die Jägermeister-Community prämiert das wildeste Bild
Gewinn:	Party für 6 in Berlin

Und zum guten Schluss noch eine Aktion mit viel Spielspaß:

Bei Knorr is(s)t der Weihnachtsmann grün

Als Erstes beachten Sie bitte das Wortspiel. Der Weihnachtsmann ist nicht nur grün, er isst auch in dieser Farbe, denn er liebt die grün verpackten Convenience-Produkte aus dem Hause Knorr.
Es ist eine wunderschöne Weihnachtsaktion, bei der einfach alles stimmt. Hier werden die Möglichkeiten des Internets voll ausgeschöpft. Die Spielmechanik macht Spaß. Das Spiel erfordert eine gewisse Geschicklichkeit, ist aber

Abb. 83: Knorr, Website Nov. 2006, Weihnachts-Aktion, Agentur Scholz & Friends interactive, Hamburg

nicht zu schwer. Die Erklärung des Spiels ist verständlich und sehr weihnachtlich, passend zur Aktion – hier der Text:

Und so geht's:
1. Ziel: 5 Häuser mit mindestens 1 Geschenk versehen.
2. Insgesamt stehen Ihnen dafür 15 Geschenke zur Verfügung.
3. Mit der Maus visieren Sie einen Schornstein an.
4. Klicken Sie die linke Maustaste. So werden die Wurfrichtung und die Wurfstärke festgelegt. Je länger die Taste gedrückt wird, desto weiter werfen Sie das Geschenk.
5. Nun viel Glück! Und denken Sie daran:

In jedem Haus wartet 1 Familie auf Ihr Geschenk.

Von der Startseite aus, auf der alles um den grünen Weihnachtsmann geht, kommt man zu Rezepten für Weihnachten und zum Weihnachtsmenü. Und natürlich zum Gewinnspiel, das mit der Zeile „Spielen und gewinnen“ auf sich aufmerksam macht.

Der Text dazu:

> Helfen Sie dem Weihnachtsmann, Geschenke zu verteilen, und gewinnen Sie einen von 1.111 kuscheligen Knorr Weihnachtsmännern.

Einfache, klare Sprache, freundliche Aufforderung. Die Idee mit dem Weihnachtsmann wird aufgegriffen mit „helfen Sie dem Weihnachtsmann" und „Geschenke verteilen". Auf der nächsten Seite wird das Spiel erklärt und dann darf man endlich Geschenke verteilen, hier der Text aus der Website:

> 1.111 kuschelige Weihnachtsmänner
>
> Ojee, der Weihnachtsmann hat alle Hände voll zu tun. Da kann er schon ein wenig Hilfe gebrauchen. Möchten Sie ihm unter die Arme greifen? Super! Dann starten Sie am besten gleich das Spiel...
>
> Ihre Hilfe soll natürlich auch belohnt werden. Unter allen Teilnehmern verlosen wir 1.111 kuschelige Knorr Weihnachtsmänner. Einsendeschluss ist der 06.12.2006.

Abb. 84: Knorr, Website Nov. 2006, Weihnachts-Aktion, Agentur Scholz & Friends interactive, Hamburg

„Ho hoo“, so freut der Weihnachtsmann sich, wenn man ein Geschenk in einem Kamin versenkt hat. Und das macht Spaß!
Wenn alle fünf Familien beschenkt sind, dürfen Sie das Teilnahmeformular ausfüllen und abschicken.
Die Aktion hat einen hohen Spielspaß und Sympathiewert. Idee, Gewinn, Sprache und vor allem die Illustrationen sind sehr sympathisch.
Aber was nützt die schönste Aktion im Internet, wenn sie es nicht schafft, den Verkauf zu fördern – es sei denn, man macht es so schlau wie Knorr. Im Menü finden wir den Link zum Weihnachtsgewinnspiel, und das findet im Handel statt.
Hier der Text dazu:

Viele grüne Weihnachtsmänner

Beim diesjährigen Weihnachtsgewinnspiel im Handel warten über 9.999 kuschelige Knorr Weihnachtsmänner auf eine neue Familie.
So einfach können Sie teilnehmen:

1. Schneiden Sie 5 Knorr Schriftzüge von jeder beliebigen Packung ab.*
2. Füllen Sie die Teilnahmekarte aus. Diese erhalten Sie im Handel oder direkt hier zum **Download**.
3. Stecken Sie die Karte zusammen mit den 5 Knorr Schriftzügen in einen frankierten Umschlag.
4. Senden Sie diesen an:
   Kunden Dialog Center
   Stichwort "Der Weihnachtsmann is(s)t grün"
   Postfach 77 77
   33440 Herzebrock-Clarholz
   Unter allen Einsendern werden 9.999 kuschelige Weihnachtsmänner verlost.
   Einsendeschluss ist der 6.12.2006.

*Anstelle der Knorr Schriftzüge können Sie uns auch eine Postkarte schicken, auf der Sie Ihre 5 Knorr Lieblingsprodukte angeben.

Knorr wünscht Ihnen viel Glück!

Teilnahmekarte ausdrucken
Teilnahmebedingungen

Diese Aktion fördert ganz klar den Verkauf der grünen Knorr-Produkte. Denn wer gewinnen will, muss schon fünf Knorr-Schriftzüge aus Packungen ausschneiden, auf die Teilnahmekarte kleben und einschicken. Aber es geht auch anders: auch die Nennung der fünf Knorr-Lieblingsprodukte auf einer einfachen Postkarte berechtigt zur Teilnahme. Warum das so ist, lesen Sie im Kapitel über die juristischen Klippen, die es in der Vkf zu umschiffen gilt.

Der grüne Weihnachtsmann – exklusiv von Knorr

Eine wirklich sympathische Idee ist der Weihnachtsmann in den Knorr-Farben. Das passt zum Produkt und ist außergewöhnlich. Rote Weihnachtsmänner gibt's wie Sand am Meer, aber grüne – das hat schon was. Auch die Anzahl der Gewinne entspricht den bewährten Vkf-Regeln: 1.111 grüne Weihnachtsmänner gibt es beim Internetspiel zu gewinnen, 9.999 beim Weihnachtsgewinnspiel im Handel.

Die Knorr-Weihnachtsmänner-Aktion im Überblick:

Motto:	Der Weihnachtsmann is(s)t grün
Mechanik:	Interaktives Internetspiel
Ablauf:	Durch Geschicklichkeit 5 Geschenke in Häuser schicken
Gewinn:	1.111 grüne Knorr-Weihnachtsmänner

Weihnachtsaktion im Handel:

Mechanik:	fünf Knorr-Schriftzüge aus Packungen ausschneiden und auf die Teilnahmekarte kleben oder die fünf Knorr-Lieblingsprodukte angeben
Gewinn:	9.999 grüne Knorr-Weihnachtsmänner

Das Internet – eine unerschöpfliche Quelle kreativer Vkf-Ideen

Die guten Ideen anderer Vkf-Konzeptioner können Sie zu eigenen guten Ideen inspirieren. Klicken Sie sich ein auf die Homepages der großen Hersteller im Food-Bereich, denn da finden Sie die professionellste Verkaufsförderung. Das Internet lebt, und das sehr schnell. Eine Aktion, die gestern noch drin war, ist morgen schon durch eine neue ersetzt. Es lohnt sich also, immer wieder auf die einzelnen Sites zu gehen.

Auch für die Sprache in der Verkaufsförderung finden Sie hier viele Anregungen. Ob Teilnahmekarte oder Gewinnauslobung – lassen Sie sich inspirieren.

Und das und noch mehr finden Sie im Bereich Vkf auf den Homepages der anderen:

- Gewinnspiele
- Gewinnspielmechaniken
- Preise
- interaktive Spiele
- Texte für Teilnahmekarten, Teilnahmebedingungen
- Self-Liquidating Offers

Gute Vorbilder – lernen Sie von ihnen

Wenn Sie eine Aktion entwickeln müssen, gehen Sie als Erstes auf die Seiten der Konkurrenz. Interessant sind auch alle anderen Homepages, die wahrscheinlich von Ihrer Zielgruppe genutzt werden. Hier ein paar Homepages, die mir aufgefallen sind – die Liste kann natürlich nicht vollständig sein, weil es einfach zu viele sind. Im Prinzip bietet Ihnen so ziemlich jede Site aus dem Lebensmittel- und Getränkebereich eine Fülle an Anregungen.

www.kinderschokolade.de
www.ferrero.de
www.snickers.de
www.maggi.de
www.krombacher.de
www.cocacola.de
www.melitta.de

und so weiter und so fort …

Checkliste

Möglichkeiten im Internet

- Werbung
- Filme, Bild, Ton
- Kundenpflege
- Verkaufsförderung

- Gewinnspiele
- Interaktion

Interaktion im Internet
- preiswert
- praktisch
- schnell

Spiele auf den Homepages der Hersteller
- als verkaufsfördernde Maßnahme
- mit Gewinn als Gewinnspiel
- ohne Gewinn zur Verbesserung des Images oder als Instrument zur Kundenbindung

Verkaufsförderung im Internet
- Unterstützung der Aktion im Handel
- spezielle Internetaktionen, die die Möglichkeiten im Internet nutzen: Interaktion, Animation, Soundeffekte, Spielspaß

Argumente für den Handel
- Aktion im Internet bringt Kunden ins Geschäft
- Aktion im Internet unterstützt die Aktion im Handel

Übungen zum Internet

10.1 Entwickeln Sie eine Spielidee im Internet für:

a. Backmischung
b. Fitnessdrink
c. Kaugummi für große Bubbles

10.2 Entwickeln Sie ein Gewinnspiel im Internet für:

a. Apfelsaftschorle
b. Kochtopfserie
c. Ketchup

mit Mechanik, Preisen, Motto

11. Anzeigen mit Zusatznutzen – Vkf im klassischen Medium

Verkaufsförderung ist vielseitig und nicht an Aktionen im Handel gebunden. Verkaufsförderung kann überall stattfinden. Auch in den sogenannten klassischen Medien wie Zeitungen und Zeitschriften, die im Allgemeinen für klassische Werbung zuständig sind. Aber sobald eine Anzeige einen Zusatznutzen kommuniziert oder ihn vielleicht sogar gleich mitbringt, ist es eine Verkaufsförderungsanzeige. Mit dem zusätzlichen Anreiz – von Preisausschreiben bis beigeklebter Broschüre ist alles möglich – soll mal wieder kurzfristig ein Kaufakt ausgelöst werden. Oft unterstützen diese Anzeigen die Aktionen im Handel mit dem Ziel, die Kunden ins Geschäft zu bringen.
Anzeigen haben den Vorteil, dass sie eine große Leserschaft erreichen. In den Zeitschriften, die die Zielgruppe liest, können sie gezielt geschaltet werden und ein breites Publikum für das Produkt und den zusätzlichen Anreiz begeistern. Die Teilnahme am Preisausschreiben ist sofort möglich, ein Coupon oder eine aufgeklebte Postkarte machen es leicht. Als weitere Unterstützung der Botschaft folgt oft der Hinweis auf den Handel und das Internet. Die Verzahnung der einzelnen Verkaufsförderungsmittel ist perfekt, der Verbraucher kommt von der Anzeige zum Handel zum Internet.

Zusatznutzen in Anzeigen – alles ist möglich

Sie können in Anzeigen jeden Zusatznutzen bringen, den Sie auch im Handel am POS promoten:

- Preisausschreiben/Gewinnspiel
- Self-Liquidating Offer
- Zugaben
- Sammelaktion
- Wettbewerb
- Probenaktion
- Treueaktion

Vkf in Anzeigen – ein starkes Argument für den Handel

Natürlich möchte der Händler wissen, ob er die Produkte, die er ordert, auch gut verkauft und ob Kunden in sein Geschäft kommen. Anzeigen, die außerhalb des Handels eine breite Käuferschicht erreichen, sind ein überzeugendes Argument. Es gehört in den Salesfolder.

Textbeispiel für den Salesfolder:
- Starke Unterstützung für Ihren Abverkauf: Anzeigen in den Frauenzeitschriften erreichen XY Leserinnen. Das bringt Kunden in Ihr Geschäft.

Deshalb sollten die Anzeigen auch immer auf den Handel hinweisen.

Textbeispiele für Vkf-Anzeigen:
- Teilnahmekarten im Handel
- Sammelpunkte auf dem Produkt im Handel
- noch mehr Rezepte im Handel

Geradezu ideal ist es, wenn die Anzeige eng mit der Promotion im Handel verzahnt ist.

Beispiele:
- Treueaktion – Treuepunkte auf den Packungen sammeln
- Schriftzüge sammeln und mit fünf Original-Schriftzügen von der Packung am Gewinnspiel teilnehmen
- ein Backrezept in der Anzeige, die komplette Rezeptbroschüre jetzt kostenlos im Handel

Im Folgenden stelle ich Ihnen einige beispielhafte Anzeigen vor:

Die Milka Anzeige „Zartheitspunkte“

Schon wieder Milka, weil es so schön ist. Den Internetauftritt hatten wir im letzten Kapitel – die Anzeige weist die gleichen Gestaltungselemente auf: im oberen Drittel die junge Genießerin mit der Schokolade, im Hintergrund die Berge, wo die lila Kühe leben, die die gute Milch für die Milka geben, und im unteren Drittel die Promotion, ganz in Lila, unverkennbar Milka.

Abb. 85: Milka, Anzeige 2006, Ogilvy & Mather, Frankfurt

Eine Sammelaktion ist Thema der Anzeige. Punkte sammeln, die es natürlich nur auf Packungen gibt, und dafür gibt es eine „kuhle“ Belohnung. Diese Form der Sammelaktion ist eine wirksame Maßnahme, um den Verkauf zu fördern. Der Ablauf der Aktion und die Verzahnung mit Handel und Internet werden deutlich, wenn Sie den Text lesen, meine Anmerkungen kursiv in Klammern:

Zartheit genießen lohnt sich!
(kurz, einfache Sprache, schnell verständlich)

Zartheitspunkt für kuhle Gläser!
(kuhle Gläser – die kuhle Verbindung zur Kuh)

Sammeln Sie mit: auf der Milka 100 g Tafel finden Sie einen goldenen Milka Zartheitspunkt. *(klare Aufforderung)* Einfach ausschneiden, 20 Zartheitspunkte sammeln und einschicken. *(so funktioniert die Aktion, einfacher Infinitiv-Satz)*

Sie erhalten dafür das kuhle Milka Glas von Ritzenhoff aus limitierter Serie – für das tägliche Glas Milch. *(Aha, das gibt es für die Punkte)* Sammelkarten und weitere Informationen gibt es unter **www.Milka.de** oder im Handel. *(Hinweis auf Handel und Internet, so bringt man die Leute ins Geschäft)* Einsendeschluss: 30 September 2006. *(Wichtig! Schließlich muss man ja wissen, wie lange man mitmachen kann)*

Das ist ein sauber strukturierter und klar formulierter Verkaufsförderungstext. Mit einer Headline, Subline und fünf Zeilen wird hier eine komplexe Aktion ganz verständlich erklärt:

- Versprechen: da lohnt sich was
- Zusatznutzen: kuhle Gläser
- Aufforderung: Punkte sammeln
- Wo: auf jeder 100-g-Tafel Milka
- Wie viel: 20 Punkte
- Wie: ausschneiden, sammeln, einschicken
- Wertigkeit des Zusatznutzens: limitierte Serie aus der bekannten Design-Schmiede Ritzenhoff
- Hinweis auf den Handel und das Internet

Der Stil ist klar und sachlich. Aufforderung, Infinitiv-Satz, kurze Sätze, bekannte Worte, und doch sympathisch, weil „kuhl“. Übrigens: auch der Flash auf der Schokolade ist im Infinitiv-Stil gehalten:

Abb. 86: Milka, Flash aus Promotion Anzeige 2006, Agentur Ogilvy & Mather, Frankfurt

„Ausschneiden, sammeln und limitiertes RITZENHOFF Glas erhalten“ steht neben dem Zartheitspunkt – einfacher kann man es nicht sagen. Bedenken Sie bei allem, was Sie für die Verkaufsförderung texten: Ihre Botschaft wird nur Sekunden wahrgenommen, sie muss sofort verstanden werden und das „Will-ich-haben-Gefühl" auslösen. Außerdem haben Sie meistens sowieso wenig Platz – nur ein paar Quadratzentimeter sind es auf dieser Milka-Tafel.

Die Anzeige erfüllt mehrere Jobs – und das sehr überzeugend:
- Werbung für den Zusatznutzen
- neugierig machen auf die Homepage
- Kunden in den Handel bringen
- Auslösung einer Kaufaktion, und davon gleich mehrere
- und sogar Image-Profilierung

Promotion-Idee, Gestaltung und Text machen aus dieser Anzeige ein Multitalent, das neben den kurzfristigen Verkaufsförderungszielen auch langfristige Imageziele und eine hohe Kundenbindung schafft.

Die Milka-Zartheitspunkte-Aktion im Überblick:

Motto:	Zartheitspunkte für kuhle Gläser
Mechanik:	Sammelaktion
Ablauf:	Zartheitspunkte von Packungen sammeln
Zusatznutzen:	Ritzenhoff-Milchglas im Milka-Look

Die Renault-Modus-Anzeige „Fahrradtouren"

Mit dem Auto Fahrrad fahren? Das widerspricht sich eigentlich nicht so beim Renault Modus. Der französische Autobauer hat mit dem Modell Modus eine intelligente Innovation auf den Markt gebracht, die es leichter und sicherer macht, Fahrräder zu transportieren. Integrierte Halterungen für den Fahrrad-Heckträger Velofix: einfach dranstecken, mit zwei Handgriffen befestigen, Räder drauf und ab geht's. Eine geniale Idee, die geradezu nach einer Promotion schreit.
Deutschlands schönste Radwege sind auf den Autobahnen, verspricht die Headline, was ja schon so unerwartet ist, dass man gerne weiterliest. Eigentlich ist es eine klassische Anzeige, an die der Zusatznutzen angehängt wurde. Unten rechts sehen wir ihn, den Modus-Radführer, den es jetzt im Handel gibt. Für lächerliche 2 Euro ein echtes Schnäppchen.

Abb. 87: Renault, Anzeige Renault-Modus 2006, Fahrradtouren-Promotion, Agentur Publicis Frankfurt

Der Text der Anzeige ist locker und zielgruppengerecht und schickt den Leser per du in vier Zeilen aufs Rad, in den Modus und ins Internet. Übrigens eine sehr empfehlenswerte Site, wo die intelligenten Vorzüge des pfiffigen Kleinwagens plakativ und sympathisch verdeutlicht werden. Auch bekommen Sie hier gleich einen Einblick in den Radführer mit einigen Radtouren. Das komplette Büchlein gibt es natürlich nur beim Renault-Händler, denn da sollen die Kunden schließlich hingehen und nach Möglichkeit eine Probefahrt machen.

Die Renault-Modus-Aktion im Überblick:

Motto:	**Deutschlands schönste Radwege**
Mechanik:	Self-Liquidating Offer
Zusatznutzen:	Modus-Radführer

Die Diamant-Gelierzauber-Rezept-Broschüren-Anzeige

Diamant Gelierzauber aus dem Hause Pfeifer & Langen gibt die Rezeptbroschüre nicht als Zugabe zum Produkt, sondern klebt sie in die Anzeige. Schnell rausgenommen, kommt sie in die Küche, wo sie immer dann zur Hand ist, wenn man ganz fix mal eben einen fruchtigen Brotaufstrich zaubern will. Doch vorher muss man noch in den Handel und Diamant Gelierzucker kaufen, denn ohne ihn geht es nicht. Eine gute Idee, durch einen Zusatznutzen mit Langzeitwirkung immer wieder den Verkauf zu fördern. Ein starkes Argument für den Handel!

Abb. 88: Diamant Gelierzauber, Anzeige Rezeptheft 2006, Agentur ForTeam Kommunikation GmbH

Auf acht ansprechend gestalteten Seiten zeigt die Broschüre, wie einfach es ist, aus frischem Obst und Diamant Gelierzauber leckere Fruchtaufstriche zu machen. Außergewöhnliche Marmeladenrezepte und Tipps, wie es noch besser wird, machen Appetit auf mehr Variationen beim Frühstück.

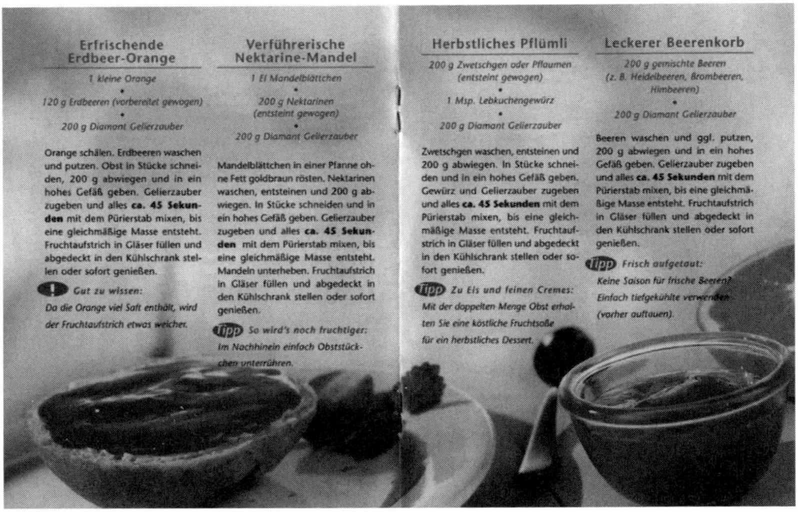

Abb. 89: Diamant Gelierzauber, Rezeptheft 2006, Innenseiten, Agentur ForTeam Kommunikation GmbH

Wer kein Rezeptheft vorfindet, weil jemand anders schneller war, muss nicht enttäuscht sein, denn dafür heißt es in der Anzeige:

> Das Rezeptheft ist schon weg? Macht nichts!
> Rufen Sie einfach an oder schauen Sie ins Internet.
> Auf Wunsch erhalten Sie unsere kostenlose Broschüre
> „Spontan zum Frühstück das ganze Jahr“.

Insgesamt eine einfache, schnell arbeitende Anzeige, die vor allem von dem Rezeptheftchen lebt, das als herausnehmbare Zugabe auf sich und das Produkt aufmerksam macht und als Ratgeber in der Küche das ganze Jahr über Kaufimpulse für Diamant Gelierzauber gibt.

Die Diamant-Gelierzauber-Aktion im Überblick:

Motto:	Spontan zum Frühstück das ganze Jahr
Mechanik:	Zugabe
Zusatznutzen:	Rezeptbroschüre

Die Jägermeister-Flaschenbecher-Anzeige

Abb. 90: Jägermeister, Anzeige im *Stern* 2002, Agentur G.V.K., Lüneburg

Was ist das jetzt? Ist das ein Self-Liquidating Offer? Egal, der Flaschenbecher ist eine geniale Idee, die den Verkauf sicher heftig gefördert hat. Ein echter Jägermeister-Fan – ob Raucher oder Nichtraucher – muss dieses Teil unbedingt haben.

Der Flash:

0,7 l Jägermeister
im FLASCHENBECHER
In limitierter Auflage

Beim Wort FLASCHENBESCHER werden das F und das L schwarz geschrieben, so bleibt das Wort ASCHENBECHER orange auf gelbem Grund. Die typografische Art, aus der Flasche einen Ascher zu machen.

Der Text, lediglich zwei Sätze:

Erst Flasche, dann Ascher.
Jetzt nur für kurze Zeit im Handel.

Mehr Worte braucht es nicht, um die Aktion zu erklären und Begehrlichkeiten auszulösen. Sicher, die Aktion lebt vom Aktionsprodukt, vom einzigartigen Flaschenbecher, der so schön ist, dass der Texter nicht viele Worte machen muss.

Die Jägermeister-Flaschenbecher-Aktion im Überblick:

Motto:	Was für eine Flasche!
Mechanik:	Self-Liquidating Offer – abgewandelt
Zusatznutzen:	Flasche wird zum Aschenbecher, Kultprodukt

Die Knorr-Anzeige „Kindergeld“

Das sind Themen, die die Gemüter bewegen: Geburtenrückgang in Deutschland, Überalterung der Gesellschaft. „Kinder braucht das Land“, setzt Knorr dem entgegen und tut auch gleich was dafür. 222 Mal kann man Extra-Kindergeld gewinnen, wenn das kein Anreiz ist, am Preisausschreiben teilzunehmen ... Bereits zum zweiten Mal zeigt Knorr ein Herz für Kinder. Denn schon 2005 verloste Knorr Kindergeld und wiederholt die Aktion 2006 wegen des großen Erfolgs – schließlich ist das Thema immer noch brandaktuell.
Der Preis ist wirklich toll. Zumal sich die Aktion nicht nur an Eltern wendet. Denn unten links steht ganz klar:

12 Monate lang 154,- €
für ein Kind, das Ihnen am Herzen liegt.

Oma und Opa können ebenso mitmachen wie das kinderlose Ehepaar mit Patenkindern in der Dritten Welt.
Wer teilnehmen und gewinnen möchte, wird in den Handel geschickt, um dort Knorr-Fix-Produkte zu kaufen. Denn mit fünf Schriftzügen im Umschlag kommt man in die Verlosung. Alternativ reicht es auch, die fünf Lieblingssorten aufzuschreiben.

Abb. 91: Knorr, Kindergeld-Aktion, Anzeige im *Stern* 2006, Agentur tas, Essen

Das ganze Procedere wird im Anzeigentext Schritt für Schritt erklärt:

> So einfach können Sie teilnehmen:
>
> Schneiden Sie 5 KNORR Fix Schriftzüge von KNORR Fix Packungen ab.*
> Stecken Sie diese Schriftzüge in einen Umschlag.
> Notieren Sie den Namen und das Alter des Kindes, für das Sie Extra-Kindergeld gewinnen möchten, sowie Ihre eigene Anschrift und legen Sie den ausgefüllten Teilnahme-Coupon dem Umschlag bei.
> Frankieren Sie den Umschlag und schicken Sie ihn an:
> KNORR, Stichwort „Kindergeld“, Postfach 7777, 33440 Herzebrock-Clarholz.
> *Anstelle von KNORR Fix Schriftzügen können Sie auch eine Postkarte einsenden, auf der Sie Ihre 5 Lieblingssorten angeben, und den Teilnahmecoupon hinzufügen.

Einfacher und verständlicher geht es wirklich nicht. Auch hier wieder eine ganz klare Sprache ohne irgendwelche Schnörkel. Missverständnisse ausgeschlossen.
Knorr schafft geschickt eine Kombination von kurzfristigem Abverkauf, Kundenbindung an den Handel und Imagegewinn. Denn mit dieser Aktion beweist Knorr Verständnis für die wichtige Zielgruppe Familien mit Kindern und zeigt Interesse an einem gesellschaftlichen Problem, das alle angeht.

Die Knorr-Aktion Kindergeld im Überblick:

Motto:	Kinder braucht das Land
Zusatznutzen:	Gewinnspiel
Mechanik:	5 Knorr-Fix-Schriftzüge einsenden
Gewinn:	222 x Extra-Kindergeld 12 Monate lang je 154 Euro

Damit Sie Konzeption und Text von Verkaufsförderungsanzeigen genauso gut hinkriegen wie die Profis, kommen jetzt die Checkliste und die Übungen.

Checkliste

Verkaufsförderung in klassischen Medien

- Zusatznutzen in Anzeige, Funk, TV:
  - Preisausschreiben
  - Wettbewerb
  - Zugabe
  - Treueaktion
  - Probeaktion
  - Self-Liquidating Offer

Aufgabe der klassischen Medien in der Verkaufsförderung

- Unterstützung der Aktion im Handel
- Kunden in den Handel bringen
- Bekanntmachung der Aktion
- kurzfristig den Abverkauf erhöhen

Verkaufsförderung in Anzeigen, alles ist möglich

- Coupon
- beigeklebte Postkarte

- Hinweis auf Internet
- Hinweis auf Handel

Argument für den Handel
- Anzeigen bringen Kunden ins Geschäft
- Unterstützung der Aktion im Handel
- Kunden des Handels werden außerhalb des Geschäfts erreicht

Beispielhafter Hinweis in der Anzeige auf den Handel
- Teilnahmekarten im Handel
- Sammelpunkte auf dem Produkt im Handel
- noch mehr Rezepte im Handel

Verzahnung von Anzeige und Aktion im Handel
Beispielhafte Hinweise in der Anzeige:
- Treueaktion – Treuepunkte auf den Packungen sammeln
- Schriftzüge sammeln und mit fünf Original-Schriftzügen von der Packung am Gewinnspiel teilnehmen
- Ein Backrezept in der Anzeige, die komplette Rezeptbroschüre jetzt kostenlos im Handel

Text in den Verkaufsförderungsanzeigen
- Aktionsmotto
- Aufforderung mitzumachen beziehungsweise zu bestellen
- kurz, knapp, prägnant
- Hinweis auf den Handel

Übungen „Verkaufsförderungsanzeigen“

11.1 Schreiben Sie Headlines für Verkaufsförderungsanzeigen
a. Produkt: Kaffeepads „Espresso“
   Aktion: Proben bestellen
b. Produkt: junge Pflegeserie „Girl“
   Aktion: Preisausschreiben, Handy zu gewinnen
c. Produkt: Rotwein-Likör „Vino“
   Aktion: Self-Liquidating Offer Cocktailgläser

11.2 Schreiben Sie Hinweise auf den Handel
a. Sammelpunkte

b. Teilnahmekarten
c. Rezeptheft
d. Proben

11.3 Entwickeln Sie Anzeigen mit Headline, Beschreibung des Key-Visuals, Mechanik und Hinweis auf den Handel für:

a. Apfelsaftschorle
b. Ketchup
c. Männerpflegeserie „Bodygard“

12. So gut wie die Großen – kreative Aktionen von kleinen Einzelkämpfern

Dieses Buch richtet sich auch an Einzelhändler, Gewerbebetriebe, Dienstleister und Selbstständige jeder Art. Gerade wer nur über ein bescheidenes Budget verfügt, kann eine überschaubare Zielgruppe mit kleinen feinen Verkaufsförderungsmaßnahmen perfekt erreichen und seinen Verkauf fördern. Täglich begegnen wir solchen Maßnahmen. Die örtliche Apotheke vergibt Sammelpunkte für jeden Einkauf, für die man sich was Schönes aus einem Prämienkatalog aussuchen kann. Das Küchenstudio veranstaltet ein Preisausschreiben, bei dem es einen Kochkurs zu gewinnen gibt. Das Fitnessstudio verlost zum Tag der offenen Tür einen Trainingsmonat. Beim Italiener gibt es jeden Dienstag zur Pizza einen kostenlosen Salat. Das Autohaus promotet seinen Gebrauchtwagenmarkt mit einem Satz Winterreifen als Zugabe. Der Winzer verkauft die Kiste Wein mit zwölf Flaschen zum Preis von elf. Das alles ist Verkaufsförderung. Von Einzelkämpfern, in einen überschaubaren Einzugsgebiet, für eine kleine Zielgruppe.
Im Folgenden stelle ich Ihnen beispielhafte Aktionen dieser Art vor. Es sind professionelle Aktionen, gut gemacht und gestaltet. Aktionen, die zeigen, dass nicht immer ein großer Werbeetat zur Verfügung stehen muss, um Großes zu erreichen. Gute Verkaufsförderung braucht kein großes Geld, nur gute Ideen und eine professionelle Gestaltung in Text und Bild.
Lassen Sie sich inspirieren!

Die FlipFlop-Aktion – ein heißer Sommer in München

Im Juli 2006 kletterten die Temperaturen unerbittlich nach oben und bescherten uns im kalten Germanien Mittelmeerfeeling. Die Hitze war kaum noch zu ertragen, Schwimmbäder verzeichneten Rekordbesucherzahlen und die Kleidung wurde immer legerer. Summer in the City in München, das ideale Klima, die ideale Stadt für eine Promotion, die mal völlig anders ist. Mit außergewöhnlichen Mitteln möchte das Münchner Autohaus AHG Berg am Laim Testfahrer für zwei Fordmodelle und viel Sympathie für sein Geschäft gewinnen.

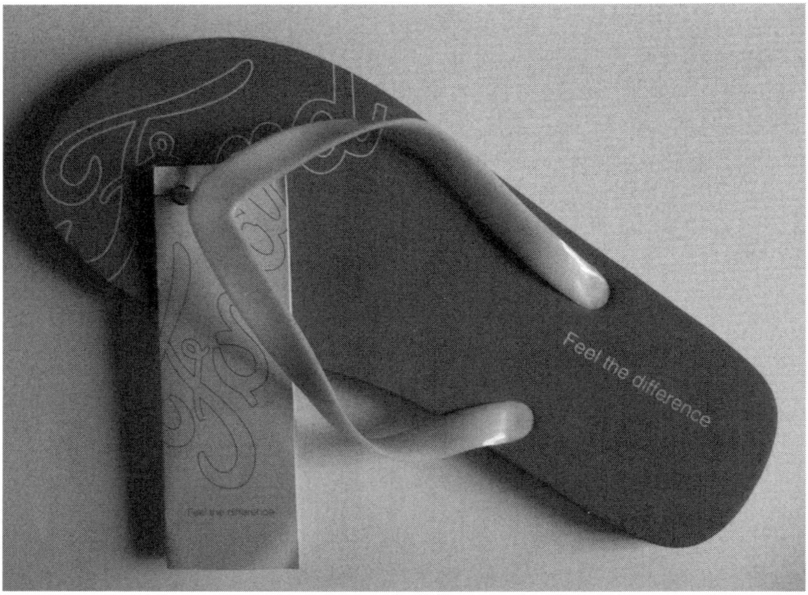

Abb. 92: Ford, AHG München, FlipFlop-Aktion Sommer 2006

Diesen FlipFlop fanden Autofahrer im Juli 2006 hinter ihren Scheibenwischern. Natürlich war es nur der rechte Schuh, die linke Schlappe musste man sich schon im Autohaus abholen. Klar, dass dann gleich eine Probefahrt drin sein sollte. Vor allem mit Klimaanlage – bei dem Wetter ein Muss!
Das anhängende Leaflet macht klar, wie man an den zweiten FlipFlop kommt und im Autohaus das Angenehme mit dem Nützlichen verbindet: Schuh abholen, Probefahrt machen. Eine viel versprechende Aktion.
Die Idee ist klasse, der FlipFlop voll im Trend, die Farbe Orange knallig, trendig, aufmerksamkeitsstark. Und doch wurde die FlipFlop-Aktion ein Flop: 1500 Schlappen liegen noch im Keller des Autohauses. Nur zwei Sandalenträger haben den Weg ins Autohaus nicht gescheut, um sich den zweiten Schuh abzuholen. Woran lag es, dass eine starke Idee so gar nicht ankam? Ich kann hier nur Vermutungen anstellen, weil es kein durch eine repräsentative Markt- und Meinungsforschung manifestiertes Ergebnis gibt.

Abb. 93+94: Ford, AHG München, FlipFlop-Aktion, Sommer 2006

Die Idee: vielleicht zu abgefahren für die Zielgruppe?

Ist der klassische Fordfahrer überhaupt ein FlipFlop-Träger? Wahrscheinlich bevorzugt er festeres Schuhwerk und dieses auch eher in den gedeckten Farben Schwarz und Braun statt Orange. Und wahrscheinlich ist er auch nicht bereit, für einen Gummischuh meilenweit zu fahren, denn nicht für jeden liegt das Autohaus um die Ecke. Auch stellt sich die Frage, ob der typische FlipFlop-Freund beim Autokauf nichts Flippigeres sucht als einen Ford. Vielleicht fehlen ihm auch das nötige Kleingeld und die innere Einstellung für einen Neuwagen, ein älterer Gebrauchter reicht ihm vollkommen als Fortbewegungsmittel.

Vielleicht war es auch das Wetter? Der Sommer, einfach zu heiß, da tragen einen die Füße eher ins Freibad und in den Biergarten als ins Autohaus – noch dazu auf Gummilatschen.

Oder das Leaflet? Es kommt recht konservativ daher und nicht so plakativ und knallig wie der FlipFlop.

Es kann auch am Angebot liegen. Eine Neuwagenprobefahrt ist nicht jedermanns Sache. Günstige Gebrauchtwagen hätten vielleicht besser gepasst.
Wir wissen es nicht.

Lernen vom Flop – warum nicht?

Eigentlich ist ja mein Prinzip, dass man nur von guten Beispielen lernen kann. Nun ist die FlipFlop-Aktion aber eine Mischung. Sie fiel mir als ausgefallene, kreative Idee auf. Ich war der festen Überzeugung, dass sie ein Riesenerfolg gewesen sein, ja, dass man dem Autohaus geradezu die Türen eingerannt haben muss. Aber die Realität sieht anders aus. Dennoch glaube ich, dass Sie von dieser Schlappe etwas lernen können.
Denn die schlappe Aktion mit den Schlappen zeigt, dass eine kreative und abgefahrene Idee nicht immer erfolgreich ist. Bei jeder Ideenfindung und Realisierung sollten Sie sich ein paar Fragen stellen und diese ehrlich beantworten.

Zielgruppe:	Ist diese Idee für meine Zielgruppe überhaupt interessant?
Zusatzanreiz:	Ist der Zusatzanreiz so wertvoll, weckt er solche Begehrlichkeiten, dass meine Zielgruppe bereit ist, sich dafür ins Zeug zu legen?
Produkt:	Passen Idee, Zusatzanreiz und Produkt überhaupt zusammen?
Gestaltung:	Bilden Idee und Gestaltung der Werbemittel eine Einheit?

Trotz und alledem: Respekt für eine ausgefallene Idee und für einen Kunden, der auch mal bereit ist, etwas zu wagen. No risk, no fun!

Die Ford-FlipFlop-Aktion im Überblick

Motto:	Feel the difference (identisch mit dem Ford-Claim)
Mechanik:	Verteilung von FlipFlops (nur rechte)
Zusatznutzen:	den linken FlipFlop im Autohaus abholen

Sudoku – eine Werbeagentur in eigener Sache

Eigenwerbung scheint bei den Agenturen oft das Schwierigste zu sein. Erstens wird dieser Job immer hinten angestellt, weil die Aufträge der Kunden Vorrang haben, und zweitens geht man mit einer wesentlich höheren Erwartungshaltung und Kritik an die eigene Sache heran. Schließlich muss man hier zeigen, was man kann. Wenn das nicht hundertprozentig wird, gilt nicht die Ausrede „Der Kunde hat es so gewollt", weil die Agentur ja selber Kunde ist: ihr eigener.
Die Agentur Volk Marketing in Neu-Isenburg bei Frankfurt setzte mit ihrer Aktion zur Pflege vorhandener und Akquisition neuer Kunden auf das Trend-Spiel Sudoku. Doch das allein hätte nicht gereicht, um den Erfolg des Mailings zu erzielen. Die gesamte Aktion ist mit viel Liebe zum Detail getextet und gestaltet, sie ist intelligent und bietet einen hohen Spielspaß und Informationsgehalt. Geschickt koppelt sie Mailing mit Internet und schafft durch persönliches Login auf der Homepage eine individuelle Ansprache. Die handverlesenen Adressaten belohnten so viel Engagement und Professionalität mit einem erstaunlich hohen Rücklauf. 10 Prozent der angeschriebenen Kunden schickten des Rätsels Lösung per Fax zurück (Stand November 2006) und gewannen ein Sudoku-Brettspiel sowie ein Informationsgespräch mit der Agentur.

Das Mailing – klein, aber fein

Zur ersten Kontaktaufnahme wurde ein Mailing an rund 90 Kunden verschickt. Da landet kein aufwendiger bunter Hochglanzfolder auf dem Schreibtisch des Marketingleiters, sondern eine kleine DIN-A6-Broschüre mit dezenten Schwarzweißfotos. Und diese ist so interessant, dass sie nicht gleich im Papierkorb verschwindet. Vielleicht liegt gerade im Understatement der Reiz, sich näher mit dem kleinen Heftchen zu befassen. Manche nutzen einfach die Möglichkeit, sich bei einem Rätsel ein wenig zu entspannen. Der eingefleischte Sudoku-Fan jedenfalls findet hier eine zusätzliche Herausforderung und einige interessante Strategien für das Lösen dieses und weiterer Sudoku-Rätsel.

Abb. 95: Die Sudoku Neugeschäfts-Aktion, Broschüre Titelseite, 2006, Volk Marketing, Neu-Isenburg

Mit uns zur Lösung!, lautet die Headline. Doppeldeutig sind damit sowohl des Sudokus Lösung als auch die Lösung gewisser Marketing- und Kommunikationsprobleme gemeint.

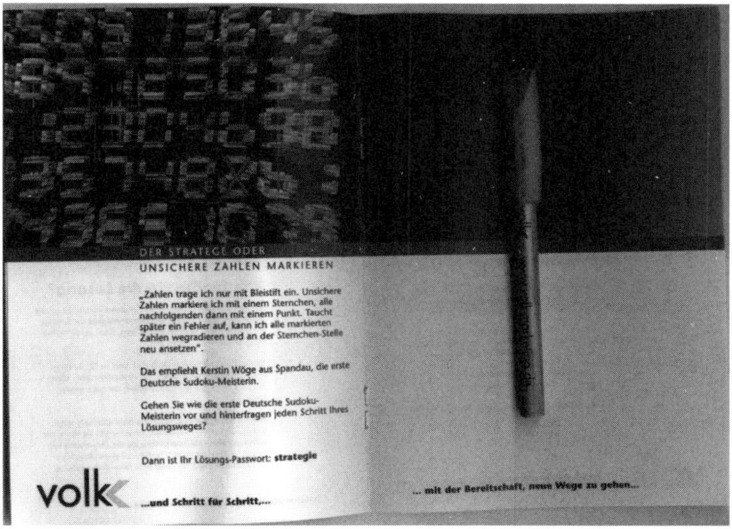

Abb. 96: Die Sudoku Neugeschäfts-Aktion, Broschüre Innenseiten, 2006, Volk Marketing, Neu-Isenburg

Als Gimmick und Eyecatcher fungiert ein kleiner Bleistift mit Radiergummi. Logo und Internetadresse von Volk Marketing sind zur ständigen Erinnerung aufgedruckt.

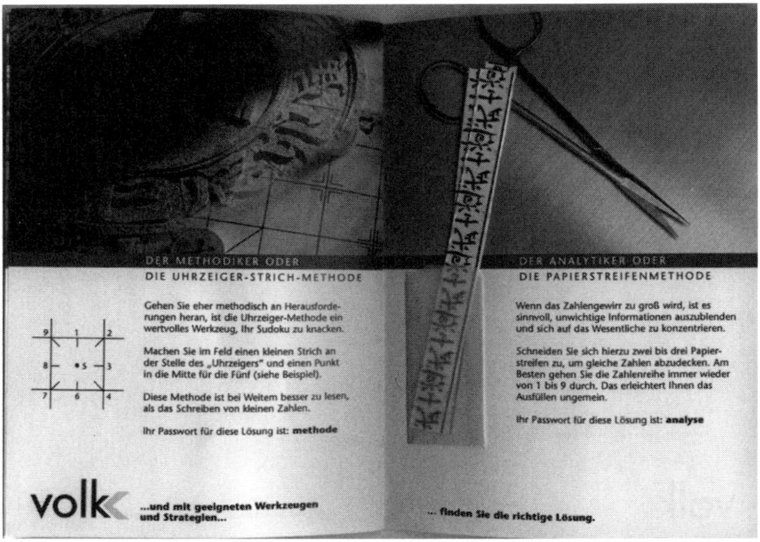

Abb. 97: Die Sudoku Neugeschäfts-Aktion, Broschüre Innenseiten, 2006, Volk Marketing, Neu-Isenburg

Auf den Innenseiten werden drei Strategien zur methodischen Lösungsfindung von Sudoku-Rätseln vorgestellt. Je eine für den Strategen, den Mothodiker und den Analytiker. Die beigelegten Papierstreifen dienen dazu, Zahlenreihen auszublenden, um sich besser auf das Wesentliche konzentrieren zu können.

Abb. 98: Die Sudoku Neugeschäfts-Aktion, Broschüre Rückseite, 2006, Volk Marketing, Neu-Isenburg

Auf der Rückseite schließlich wird der Gewinn ausgelobt: ein attraktives Sudoku-Brettspiel.

Wir haben die Lösung – gewinnen Sie mit uns! Wieder eine doppeldeutige Headline: ein Sudoku gewinnen und mit Volk Marketing gewinnen.
Des Rätsels Lösung wird per Fax an die Agentur geschickt. Eine vorbereitete Faxantwort macht es leicht, am Gewinnspiel teilzunehmen.

Abb. 99: Die Sudoku Neugeschäfts-Aktion, Faxantwort, 2006, Volk Marketing, Neu-Isenburg

Abb. 100: Die Sudoku Neugeschäfts-Aktion, Anschreiben, 2006, Volk Marketing, Neu-Isenburg

Komplett wird das Mailing mit dem Anschreiben, das den Sinn des Mailings erklärt und dem Empfänger im PS sein Kennwort (Log-in) bekanntgibt. Unter www.volk-marketing.de/sudoku klickt der potenzielle Kunde sich mit diesem Log-in und seinem Passwort ein. Ist er ein Stratege, Methodiker oder Analytiker? Der Lösungsansatz, den er für das Sudoku-Rätsel den Vorzug gegeben hat, bringt ihn auf die die richtige Site mit individuell auf ihn zugeschnittenen Informationen über Volk Marketing und der Lösung des Sudoku-Rätsels.

Insgesamt eine runde Aktion, die in Idee, Gestaltung und Text stimmig auf die Zielgruppe zugeschnitten ist. Volk Marketing zeigt damit seinen bestehenden und neuen Kunden, welches kreative Potenzial die Agentur zu bieten hat und dass sie in der Lage ist, auf die speziellen Bedürfnisse ihrer Kunden einzugehen.

Die Sudoku-Aktion von Volk Marketing im Überblick

Motto: Mit uns zur Lösung

Mechanik:	Gewinnspiel, Sudoku-Rätsel
Zusatznutzen:	Sudoku-Brettspiel
Werbemittel:	Mailing, Internet

Aktion vom Weingut Leander Hilgert

Das Weingut Leander Hilgert in Rheinhessen zeigt, wie man mit geringen Mitteln seine treuen Kunden pflegen und den Verkauf fördern kann. Der über 100 Jahre alte Familienbetrieb verfügt über eine gewachsene Stammkundschaft aus ganz Deutschland. In der vierten Generation leitet Weinmacher Leander Hilgert das Weingut und gibt ihm nicht nur beim Wein neue Impulse. So nutzt er die modernen Möglichkeiten des Verkaufs und vermarktet seine Weine im eigenen Internet-Shop. Ein zeitgemäßer Werbeauftritt und immer wieder neue Ideen fördern kontinuierlich den Abverkauf seiner edlen Tropfen.

Die Idee mit der Kundenkarte

Wer seine Weine regelmäßig im Weingut Hilgert kauft, soll für seine Treue belohnt werden. Deshalb erhält er eine Kundenkarte, auf der jeder Weinkauf mit einem Stempel vom Weingut belohnt wird. Nach zehn Stempeln beziehungsweise zehn Einkäufen von je zwölf Flaschen gibt es eine Kiste Wein mit sechs Flaschen gratis. Ein attraktiver Anreiz, dem Weingut die Treue zu halten und den Weinkeller mit Weinen von Leander Hilgert zu füllen.

Abb. 101: Stammkunden-Aktion 2006, Kundenkarte Vorderseite, Weingut Leander Hilgert, Horrweiler, Agentur Impuls, Bechtolsheim

Auf der Rückseite der Kundenkarte befinden sich zehn Felder zum Sammeln der Stempel.

Die Stammkunden-Aktion im Überblick

Motto: Vertrauen lohnt sich
Mechanik: Treueaktion, Stempel sammeln
Zusatzanreiz: zehn Kisten Wein kaufen, eine Sechser-Kiste gratis

Die Wein-des-Monats-Aktion

Abb. 102+103: Wein-des-Monats-Aktion 2006, Weinkarte Wein des Monats, Weingut Leander Hilgert, Horrweiler, Agentur Impuls, Bechtolsheim

Jeden Monat stellt Leander Hilgert seinen Kunden den Wein des Monats vor. Es ist immer ein zur Jahreszeit passender Wein mit attraktiver Preisgestaltung. Die Weinkarte mit dem Monatsfavorit erhält der Stammkunde zusammen mit einem persönlichen Anschreiben oder auch Newsletter, in dem Leander Hilgert berichtet, was sich in Weinberg und Keller so tut.
Nicht nur die Aktion selbst, auch der Wein des Monats ist ein kreativer Wurf. Mit dem UNICUSS hat Leander Hilgert die rheinhessische Antwort auf den französischen Primeur geschaffen. „Ein Kuss der Natur", verspricht der Text und: „Lassen Sie sich küssen." Charmanter kann man kaum zum neuen Wein verführen.

Einen echten Zusatznutzen im Sinne der Verkaufsförderung gibt es bei dieser Aktion zwar nicht, aber die Exklusivität des Mailings – nur für Stammkunden – und den Preisvorteil des monatlichen Tropfens kann man als verkaufsfördernden Anreiz verbuchen.

Die Wein-des-Monats-Aktion im Überblick:

Motto:	Unser Wein des Monats
Mechanik:	monatlicher Newsletter mit Weinkarte
Zusatznutzen:	Preisvorteil, Exklusivität

Die SeccoVerde Aktion von Holz-Weissbrodt

Das Wein- und Sektgut Holz-Weissbrodt promotet im heißen Pfälzer Sommer 2006 seinen prickelnden SeccoVerde und lässt mit einem Gewinnspiel den Slogan lernen.
„Gewinnen Sie mit Ihrem guten Geschmack!“, ist das Motto der Aktion. Sehr sympathisch, denn guten Geschmack lässt man sich nur zu gerne nachsagen.
Bei dem sommerlichen Event tragen Hostessen T-Shirts mit dem Aktionsmotto beziehungsweise SeccoVerde-Slogan und verteilen Teilnahmekarten für das Gewinnspiel.
„Ich bin secco, du auch?“, steht auf den T-Shirts und motiviert zum Mitmachen an der Aktion und zum Probieren des erfrischenden Getränks.
Auf der abgebildeten Teilnahmekarte können Sie die Gewinnspielmechanik gut nachlesen. Mit der Antwort der Preisfrage lernt der Teilnehmer gleich den Slogan des SeccoVerde. Die Antwort ist ganz einfach, schließlich fehlen nur fünf Buchstaben, und die stehen auf den T-Shirts und auf der Vorderseite der Teilnahmekarte. Wer „secco“ einträgt, kann gewinnen. Die Preise sind attraktiv – ob Ballonfahrt, einen Sommer lang SeccoVerde oder Picknickkorb – und auf den Geschmack der Zielgruppe zugeschnitten. Da schmeckt nicht nur der SeccoVerde, da schmeckt auch die Teilnahme.

Die SeccoVerde-Aktion im Überblick

Motto:	Gewinnen Sie mit Ihrem guten Geschmack

Abb. 104: SeccoVerde Aktion 2006, Plakat, Wein- + Sektgut Holz-Weissbrodt, Weisenheim am Berg, Agentur Impuls, Bechtolsheim

Mechanik: Preisausschreiben, Slogan vervollständigen
Zusatznutzen: Gewinne

Beim Gelingen Ihrer Aktionen helfen die folgende Checkliste und die Übungen. Viel Erfolg!

Checkliste „Aktionen“

Verkaufsförderung funktioniert

- für kleinere Einzelkämpfer
- mit kleinem Budget
- für eine überschaubare Zielgruppe

Deshalb sind Verkaufsförderungsaktionen erfolgreich für Gewerbetreibende und Selbstständige jeder Art wie zum Beispiel:

- Handwerker

Abb. 105: SeccoVerde Aktion 2006, Hostess mit T-Shirt, Wein- + Sektgut Holz-Weissbrodt, Weisenheim am Berg, Agentur Impuls, Bechtolsheim

- Restaurants/Gaststätten
- Winzer
- landwirtschaftliche Betriebe
- Händler
- Apotheken

Was brauchen Sie für eine gute Verkaufsförderungsaktion:
- gute Idee
- klare Mechanik
- interessanten Zusatznutzen

Das muss passen:
- Zielgruppe
- Produkt oder Dienstleistung
- Gestaltung der Werbemittel
- Jahreszeit/Wetter

Aufbau einer Aktion
- Motto
- Key Visual
- Idee
- Zusatznutzen
- Mechanik

Planung einer Aktion
- Zeitraum
- Ort
- Werbemittel
- Personal

Abb. 106: SeccoVerde Aktion 2006, Teilnahmekarte Titelseite, Wein- + Sektgut Holz-Weissbrodt, Weisenheim am Berg, Agentur Impuls, Bechtolsheim

Übungen „Aktionen“

12.1 Entwickeln Sie eine Aktion für eine Apotheke

Ziel der Aktion: langfristige Kundentreue erreichen durch Kundenbindungsmaßnahmen

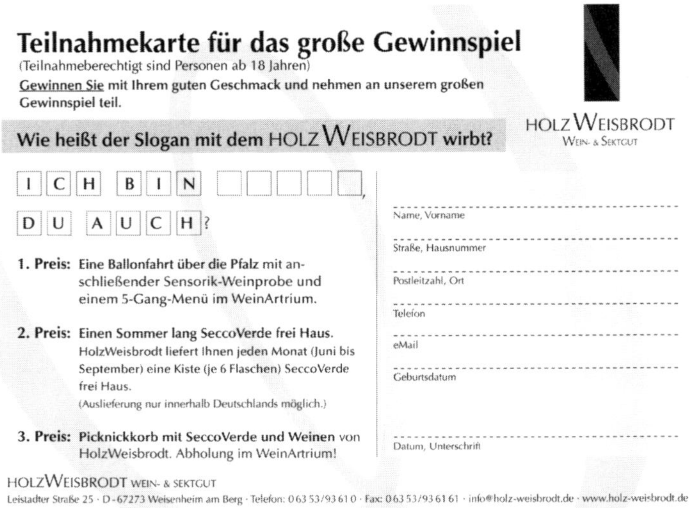

Teilnahmekarte für das große Gewinnspiel
(Teilnahmeberechtigt sind Personen ab 18 Jahren)
Gewinnen Sie mit Ihrem guten Geschmack und nehmen an unserem großen Gewinnspiel teil.

HOLZ WEISBRODT
WEIN- & SEKTGUT

Wie heißt der Slogan mit dem HOLZ WEISBRODT wirbt?

I C H B I N _ _ _ _ _,
D U A U C H?

1. Preis: Eine Ballonfahrt über die Pfalz mit anschließender Sensorik-Weinprobe und einem 5-Gang-Menü im WeinArtrium.

2. Preis: Einen Sommer lang SeccoVerde frei Haus. HolzWeisbrodt liefert Ihnen jeden Monat (Juni bis September) eine Kiste (je 6 Flaschen) SeccoVerde frei Haus.
(Auslieferung nur innerhalb Deutschlands möglich.)

3. Preis: Picknickkorb mit SeccoVerde und Weinen von HolzWeisbrodt. Abholung im WeinArtrium!

Name, Vorname
Straße, Hausnummer
Postleitzahl, Ort
Telefon
eMail
Geburtsdatum
Datum, Unterschrift

HOLZWEISBRODT WEIN- & SEKTGUT
Leistadter Straße 25 · D-67273 Weisenheim am Berg · Telefon: 0 63 53/93 61 0 · Fax: 0 63 53/93 61 61 · info@holz-weisbrodt.de · www.holz-weisbrodt.de

Abb. 107: SeccoVerde Aktion 2006, Teilnahmekarte Rückseite, Wein- + Sektgut Holz-Weissbrodt, Weisenheim am Berg, Agentur Impuls, Bechtolsheim

12.2 Entwickeln Sie einen Aktionsplan für ein Restaurant

Ziel: Stärkung des Mittagstisches von Montag bis Freitag

12.3 Entwickeln Sie Aktionsideen für

a. Handwerksbetrieb: Installateur
b. Landwirtschaftlicher Betrieb: Erdbeerhof, Verkauf von Erdbeeren an Endkunden
c. Buchhandlung

13. Wettbewerbsgesetze – juristische Klippen und wie Sie sie umschiffen

Jedes große Unternehmen hat seine Hausjuristen, die jede Aktion und jedes Werbemittel daraufhin überprüfen, ob diese auch im Sinne des Wettbewerbsrechtes juristisch einwandfrei sind. Um nicht alles immer wieder korrigieren zu müssen, nachdem der Rechtsanwalt seinen Rotstift eingesetzt hat, sollte jeder Texter über ein kleines juristisches Grundlagenwissen verfügen. Ich habe es mir während meines Studiums angeeignet und es im Laufe der Jahre bei der Arbeit vertieft und gefestigt. Das heißt nun nicht, dass ich die ganzen juristischen Feinheiten bis zum letzten Paragrafen zitieren kann – das wäre für mich schon sprachlich eine Qual – aber ich weiß, worauf ich beim Texten achten muss, was ich sagen darf und was nicht. Und wenn Sie dieses Kapitel gelesen haben, wissen Sie es auch beziehungsweise können es in der anhängenden Checkliste immer wieder nachprüfen. Sollte Ihnen das nicht genügen, so müssen Sie sich schon selber schlau machen und ein Buch über die Wettbewerbsgesetze kaufen. Warnung: Juristendeutsch vom Feinsten!
Ich erhebe mit meinen Tipps in diesem Kapitel keinen Anspruch auf Vollständigkeit und hafte auch nicht für eventuelle Fehler. Wer auf Nummer Sicher gehen will, sollte auf jeden Fall einen Anwalt zur Prüfung einschalten.

Ein kleiner Ausflug in die Geschichte

Eigentlich entspringt die gesetzliche Regelung des Geschäftslebens dem hehren Anspruch von Fairness im freien Wettbewerb, der übrigens noch gar nicht so alt ist. Grundherrschaft, Feudalherren und Zunftordnungen verhinderten eben diesen. Erst die französische Revolution schuf die Basis für die Gewerbefreiheit, die sich in deutschen Landen allerdings nicht so schnell durchsetzen konnte. Erster Schritt war im Jahre 1869 die Gewerbeverordnung. Aber wie das so ist mit einer neuen Freiheit: sie wurde ausgenutzt und häufig nach eigenem Gutdünken interpretiert. Die Ehrbaren unter den Kaufleuten wünschten sich gesetzlichen Schutz und bekamen ihn. Ende des

19. Jahrhunderts wurden Gesetzestexte zum Markenschutz, zum Schutz der Warenbezeichnungen und gegen den unlauteren Wettbewerb verabschiedet. Letzteres sollte unrichtige Reklame, wie Werbung damals noch hieß, unterbinden.

UWG – das Gesetz gegen den unlauteren Wettbewerb

Grundlage unseres heutigen Wettbewerbrechts bildet die Generalklausel in Paragraf 1 des Gesetzes gegen den unlauteren Wettbewerb von 1909:
„Wer im geschäftlichen Verkehre zu Zwecken des Wettbewerbes Handlungen vornimmt, die gegen die guten Sitten verstoßen, kann auf Unterlassung und Schadensersatz in Anspruch genommen werden."[1]
Diese Klausel sollte jedem in der freien Wirtschaft Tätigen genauso geläufig sein wie jedem Führerscheininhaber der Paragraf 1 der Straßenverkehrsordnung.
Wie die Juristen es so an sich haben, ließen sie es sich nicht nehmen, dieses Gesetz im Laufe der Jahre immer mehr zu verfeinern und ihm zahlreiche Paragrafen hinzuzufügen, bis auch die letzte Lücke unseres immer komplizierter werdenden Wirtschaftssystems rechtlich geregelt war.

Zugabeverordnung und Rabattgesetz

Das hatten wir schon im Kapitel Zugaben. Sie erinnern sich: Im Jahre 2001 wurden beide Gesetze ersatzlos gestrichen. Waren bis dahin Rabatte nur unter bestimmten Voraussetzungen und in festgesetzter Höhe erlaubt, so haben Unternehmer und Verkäufer jetzt freiere Hand. Auch die alte Zugabeverordnung machte uns Werbern das Leben schwer. Als Zugaben waren nur Pfennigartikel erlaubt und solche, die als Werbung erkenntlich waren. Finden Sie mal eine Zugabe, die nichts wert ist, als Werbeartikel daherkommt, und dann noch so attraktiv ist, dass sie den Verkauf eines Produktes fördert. Das waren noch Herausforderungen an uns Werber!

---

1. Wettbewerbsgesetze, Goldmann Jura, 3. Auflage, 1973

Goldene Zeiten für Preisnachlässe

Seit dem Jahre 2001 können Sie Rabatte geben, was das Zeug hält. Die Autoindustrie macht es uns vor. Volkswagen bringt das Sondermodell mit dicken Nachlässen und inklusive Versicherung und Inspektion, Citroën und Ford lassen uns die Mehrwertsteuer sparen und Fiat nimmt den Gebrauchten um bis zu 6000 Euro über Preis in Zahlung. Das wäre früher nicht möglich gewesen.
Aber auch der Doppelpack zum einfachen Preis oder die Aktionsidee „nimm drei, zahle zwei“ sind erst seit der Streichung des Rabattgesetzes erlaubt. So haben Sie mehr Spielraum in der Verkaufsförderung und können sich attraktivere Anreize ausdenken.

Paradiesische Zustände für Zugaben

Endlich weg vom Pfennigartikel und hin zum wertvollen Geschenk. Denken Sie nur an das Beispiel Schladerer: ein mundgeblasener Ritzenhoff-Portionierer macht mehr aus dem Kirschwasser. Wenn der Kunde mitspielt, wenn das Budget groß genug ist, dann können Sie bei den Zugaben klotzen. Auf jeden Fall haben sie einen wesentlich größeren Spielraum für Ihre Kreativität als wir armen Texter es vor 2001 hatten.

Die guten Sitten – daran müssen wir uns halten

Der Paragraf 1 des UWG ist immer noch Grundlage unseres wirtschaftlichen Handelns. Die guten Sitten sind maßgeblich in Werbung und Verkaufsförderung. Vor allem in die Verkaufsförderung mit ihren Preisausschreiben, Teilnahmekarten und Aufforderungen, in den Laden zu kommen, können sich Verstöße gegen die guten Sitten einschleichen. Und wenn das dann passiert ist, das fehlerhafte Werbemittel womöglich in Millionenauflage gedruckt ist und die Konkurrenz oder die Verbraucherschützer den Finger in die Wunde legen, dann gibt es eine EV (Einstweilige Verfügung) und die ganzen teuren Werbemittel müssen eingestampft werden. Das können wir vermeiden, indem wir uns an die guten Sitten halten.

Psychologischer Kaufzwang – es geht auch ohne

Der sogenannte psychologische Kaufzwang ist eine Falle, in die man gerne tappt. Angenommen, Sie veranstalten ein Gewinnspiel und schreiben: „Teilnahmekarten im Handel." Das ist ja eigentlich eine gute Idee, denn dann kommt der Verbraucher ins Geschäft, um die Teilnahmekarte abzuholen, und kauft vielleicht auch gleich was. Aber genau das ist gesetzlich verboten und fällt unter den Begriff „psychologischer Kaufzwang". Und wie lösen Sie dieses Problem? Ganz einfach, Sie schreiben: „Teilnahmekarten im Handel oder direkt bei …" und dann folgt die Adresse und/oder eine Telefonnummer, unter denen man die Karte bestellen kann. Sie können aber auch schreiben: „Teilnahmekarten im Handel oder im Internet unter www.herstellerxy.de" – und schon sind Sie raus aus der Falle. So einfach umgehen Sie den psychologischen Kaufzwang.
Ebenfalls nicht erlaubt ist, wenn man an einem Gewinnspiel nur durch den Kauf des Produktes teilnehmen kann. Erinnern Sie sich an die Knorr-Aktion in Kapitel 11? In der Anzeige zum Thema Kindergeld lauten die Spielregeln:

Schneiden Sie 5 KNORR Fix Schriftzüge von KNORR Fix Packungen ab.*
*Anstelle von KNORR Fix Schriftzügen können Sie auch eine Postkarte einsenden, auf der Sie Ihre 5 Lieblingssorten angeben und den Teilnahmecoupon hinzufügen.

Hier müsste der Verbraucher nicht nur in den Laden, er müsste auch gleich fünf Packungen kaufen, um in den Genuss des Kindergeldes zu kommen. Das ist natürlich erst recht psychologischer Kaufzwang. Aber die Rettung vor der EV bringt die Fußnote, die erlaubt, durch Aufschreiben der fünf Lieblingssorten am Gewinnspiel teilzunehmen.
Anders ist es bei Sammelaktionen, wie zum Beispiel bei der Milka-Aktion mit Zartheitspunkten im Kapitel 11. Das „kuhle" Milka Glas gibt es für 20 Punkte. Obwohl man für ein Ritzenhoff-Glas 20 Tafeln Milka kaufen muss, fällt das nicht unter Kaufzwang. Weil das Glas eine Zugabe ist. Und diese darf ja, wie wir wissen, inzwischen auch wertvoll sein.

Instore-Verlosungen – und wann sie unter Kaufzwang fallen

Nehmen wir mal ein fiktives Beispiel. Das örtliche Sportgeschäft macht anlässlich seines Jubiläums ein Gewinnspiel, das im Schaufenster präsentiert wird: eine große Plexiglaskugel ist gefüllt mit Tischtennisbällen. Wer die Anzahl der Bälle richtig schätzt beziehungsweise der wirklichen Zahl am nächsten kommt, gewinnt eine Tischtennisplatte. Auf dem Schaufensterplakat, in TZ-Anzeigen und Handzetteln steht:.

50 Jahre Sport Mort
Schätzen Sie, wie viele Tischtennisbälle in dieser Kugel sind!
Der beste Tipp gewinnt eine Tischtennisplatte im Wert von 600 Euro.
Teilnahmekarten und Losbox im Geschäft.

Das ist ganz klar psychologischer Kaufzwang. Und zwar gleich doppelt. Denn erstens bekommt der Kunde die Teilnahmekarte nur im Handel und zweitens muss er sie dort einwerfen. Sportlich fairer geht es so: Außen am Schaufenster kleben ein Dispenser mit Teilnahmekarten und eine Losbox. Der Kunde kann die Karte draußen ausfüllen und einwerfen, er muss das Geschäft nicht betreten. In den Anzeigen und Handzetteln genügt der Zusatz: „Teilnahmekarten im Geschäft oder bestellen unter www.sportmort.de".

Im Kapitel 4, Handel, habe ich eine Instore-Verlosung von hassia vorgestellt, in Kapitel 8, Koop-Aktionen, finden Sie das Instore-Gewinnspiel von Gutfried, bei dem es einen Janosch-Tiger aus Plüsch zu gewinnen gibt. Beide Instore-Verlosungen sind zulässig, weil sie ausschließlich im Handel stattfinden. Es gibt keine Werbemittel außerhalb des POS, die für das Gewinnspiel werben. Der Verbraucher wird erst im Laden auf den zusätzlichen Anreiz aufmerksam und kann dort sofort mitmachen. Das ist kein psychologischer Kaufzwang.

Fassen wir nochmals zusammen:

Psychologischer Kaufzwang besteht, wenn der Verbraucher über Werbung außerhalb des Geschäfts auf ein Gewinnspiel aufmerksam gemacht wird und er ins Geschäft kommen muss, um

- an einem Gewinnspiel teilzunehmen oder
- eine Teilnahmekarte zu bekommen.

Außerdem liegt psychologischer Kaufzwang vor, wenn der Verbraucher nur durch den Kauf eines Produkts am Gewinnspiel teilnehmen kann.

Den psychologischen Kaufzwang können Sie umgehen, indem Sie dem Verbraucher die Möglichkeit geben,

- die Teilnahmekarte per Post, Telefon, Fax, E-Mail, SMS zu bestellen oder
- alternativ auch ohne den Kauf eines Produktes am Gewinnspiel teilzunehmen.

Diese Möglichkeiten dürfen übrigens ruhig klein gedruckt und unauffällig sein, Hauptsache, sie sind vorhanden und lesbar.

Die Teilnahmebedingungen – so sind sie juristisch einwandfrei

Jeder Texter kommt in die Verlegenheit, eine Teilnahmebedingung zu schreiben. Wenn Sie das ein paar Mal gemacht haben, können Sie es auswendig. Denn sie lauten immer mehr oder weniger gleich:

> Teilnahmebedingungen: Teilnehmen kann jeder außer den Mitarbeitern der Firma *(Name des Unternehmens, das das Gewinnspiel veranstaltet)*. Gehen mehr als *(Anzahl der Gewinne)* richtige Einsendungen ein, entscheidet das Los. Einsendeschluss ist der *(genaues Datum)*. Der Rechtsweg ist ausgeschlossen. Die Gewinner werden schriftlich benachrichtigt.

Das steht also in den Teilnahmebedingungen:
Wer kann teilnehmen? Jeder außer den Mitarbeitern des veranstaltenden Unternehmens. Häufig gibt es auch den Zusatz „über 18 Jahre“, meistens bei Autos und Genussmitteln.
Wie wird gewonnen? Per Los, wenn mehr Einsendungen eingehen, als Gewinn ausgegeben werden.
Wann ist Schluss mit lustig? Der genaue Einsendeschluss, also das Datum der letzten Möglichkeit zur Teilnahme, muss angegeben werden.
Was geht nicht? Das Gewinnspiel kann nicht juristisch angefochten werden. Komme, was wolle. Das schließt der Satz „Der Rechtsweg ist ausgeschlossen“ aus.
Das kann auch in Teilnahmebedingungen stehen: „Die Ziehung des Hauptgewinns erfolgt unter notarieller Aufsicht.“ Mit diesem Satz wird ebenfalls klargestellt, dass kein Einspruch möglich ist. Darüber hinaus aber bekommt der Teilnehmer auch das gute Gefühl, dass hier nicht gemauschelt wird. Manchmal kommt es nämlich vor, dass der Gewinner zufällig einer der besten Kunden des Unternehmens ist.
Um psychologischen Kaufzwang auszuschließen, steht auch häufig in den Teilnahmebedingungen: „Die Teilnahme am Gewinnspiel erfolgt unabhän-

gig von der Bestellung der Ware." Oder: „Auch wenn Sie nichts bestellen, können Sie am Gewinnspiel teilnehmen." Dieser Hinweis ist zwingend, wenn Versandhäuser ein Gewinnspiel veranstalten, bei dem Teilnahmekarte und Bestellkarte eins sind.

Eine klare Sprache – und nichts ist anfechtbar

Gerade in der Verkaufsförderung sind unmissverständliche Formulierungen wichtig. Alles muss klar definiert sein: der Zusatznutzen, die Preise des Gewinnspiels und deren Anzahl sowie die Mechanik. Nichts darf so oder anders definiert werden, alles muss eindeutig sein.
Nehmen wir mal das Beispiel mit den vielen Gewinnen. Also: „99 Wasserbälle zu gewinnen." In der direkten Ansprache muss das dann so formuliert sein: „Gewinnen Sie einen von 99 Wasserbällen." Wenn Sie geschrieben hätten „Gewinnen Sie 99 Wasserbälle", dann würde sich doch jeder fragen, was um Himmels willen man mit 99 Wasserbällen anfangen soll. Aber wenn der arglose Verbraucher das hier liest: „Gewinnen Sie 33 Einkaufsgutscheine à 33 Euro!", dann kann er doch glatt glauben, hier könne er 1089 Euro gewinnen. Besser ist: „Gewinnen Sie einen von 33 Einkaufsgutscheinen à 33 Euro!"
Die klare, unmissverständliche Sprache in der Verkaufsförderung entbehrt jeder Schnörkel. Sie ist geradeaus und sachlich. Denn nur, was unmissverständlich und nicht in diese oder jene Richtung interpretierbar ist, ist auch unanfechtbar.

Wo kein Kläger ist ...

... ist auch kein Richter. Aber wer wagt, gewinnt nicht unbedingt. Kurz: es wird nicht immer geklagt, da nicht jeder klagen kann. Einzig die Konkurrenten und Verbraucherschützer dürfen den Finger in die Wunde legen. Was für ein Glück! Denn sonst könnten Hinz und Kunz, wann immer sie sich auf die Füße getreten fühlen, die Gerichte in Atem halten.
Es ist also durchaus möglich, dass Sie trotz eines Verstoßes gegen das UWG ungehindert werben können, weil die Konkurrenz die Augen zudrückt und die Verbraucherschützer es nicht gemerkt haben. Aber verlassen sollten Sie sich nicht darauf.

Gemäß meiner Erfahrung habe ich in diesem Kapitel das Wichtigste über die juristischen Restriktionen zusammengefasst. Ich erhebe – wie bereits eingangs erwähnt – keinen Anspruch auf Vollständigkeit und hafte auch nicht für irgendwelche Fehler.

Checkliste – Texten nach dem Gesetzestext

Anhand der Checkliste können Sie Ihre Texte überprüfen. Wenn Sie jedoch hundertprozentig sicher sein wollen, sollten Sie auf jeden Fall einen Juristen aufsuchen.

§ 1 UWG, Gesetz gegen den unlauteren Wettbewerb
„Wer im geschäftlichen Verkehre zu Zwecken des Wettbewerbes Handlungen vornimmt, die gegen die guten Sitten verstoßen, kann auf Unterlassung und Schadensersatz in Anspruch genommen werden.“[1]

Rabattgesetz
- 2001 Streichung des Rabattgesetzes
- Rabatte und Preisnachlässe sind in unbegrenzter Höhe möglich
- Ideen für Vkf-Aktionen:
  nimm drei, zahle zwei
  Doppelpack zum einfachen Preis

Zugaben
- 2001 Streichung der Zugabeverordnung
- Zugaben dürfen wertvoll sein
- Unbegrenzte Möglichkeiten bei Zugabeaktionen

Psychologischer Kaufzwang
Die Teilnahme an einem Preisausschreiben darf nicht daran gekoppelt sein,
- dass der Verbraucher in den Laden gehen
- oder das Produkt kaufen muss.

Vermeidung von psychologischem Kaufzwang
- Texthinweis: Teilnahmekarten im Handel oder bestellen per Post, Telefon, Fax, SMS, E-Mail

---

1. Wettbewerbsgesetze, Goldmann Jura, 3. Auflage, 1973

- Anbieten einer Alternative für die Gewinnspielteilnahme ohne Produktkauf
- Der Zusatz: „Die Teilnahme am Gewinnspiel erfolgt unabhängig von der Bestellung der Ware."

Instore-Verlosungen

Es gibt zwei Möglichkeiten, Instore-Verlosungen juristisch einwandfrei ablaufen zu lassen.

- Die Aktion findet komplett im Handel statt, es wird nicht außerhalb des Geschäfts für die Aktion geworben durch zum Beispiel Anzeigen, Plakate, Schaufensterdekoration.
- Teilnahmekarten gibt es auch außerhalb des Geschäfts oder können angefordert werden. Der Verbraucher kann auch außerhalb des Geschäfts an der Aktion teilnehmen.

Die Teilnahmebedingungen

Teilnahmebedingungen müssen beziehungsweise sollten enthalten:

- Wer kann teilnehmen?
- Wie wird gewonnen? (zum Beispiel per Los)
- Einsendeschluss
- Der Rechtsweg ist ausgeschlossen
- Die Ziehung des Hauptgewinns erfolgt unter notarieller Aufsicht

Eindeutige Sprache

- unmissverständliche Formulierungen
- klare Definierung von
- Zusatznutzen
- Preisen des Gewinnspiels
- deren Anzahl
- Mechanik

Klagen dürfen

- Konkurrenz
- Verbraucherschutzverbände

Übungen zu Wettbewerbsrecht

13.1 Machen Sie diese Instore-Verlosung juristisch einwandfrei

Jubiläumsaktion im Möbelhaus.
Samstags großes Event, Tag der offenen Tür, Kinderfest und Verlosung eines Einkaufsgutscheines im Wert von 5000 Euro.

13.2 Machen Sie diese Aktion juristisch einwandfrei

Aktion für Fitnessriegel in fünf Geschmacksrichtungen
Text auf Teilnahmekarte:
Schicken Sie uns drei Originalschriftzüge Ihres Lieblins-Fitnessriegel und gewinnen Sie ein Mountainbike!

13.3 Texten Sie Teilnahmebedingungen

a. Preisausschreiben, 999 Gewinne
b. Rezeptwettbewerb, die besten drei gewinnen eine Teilnahme am Kochwettbewerb in Baden-Baden.
c. Gewinnspiel, drei Monate lang jede Woche eine Wochenverlosung, nach 3 Monaten große Endverlosung eines Autos

Anhang: Übungen

2. Lösungsvorschläge zu den Übungen „Sprache in der Verkaufsförderung“

Die ersten Übungen waren ja gar nicht so schwer. Vergleichen Sie Ihre Lösungen mit den folgenden Vorschlägen, wenn die Richtung ähnlich ist, liegen Sie richtig.

2.1 Zielgruppe Verbraucher: Texten Sie folgende Ladenplakate
Aufgabe: Schreiben Sie eine Headline, beschreiben Sie den Gewinn oder die Zugabe, sagen Sie, wo gewonnen wird.

a. Gewinnen Sie eine von zehn hochwertigen Backformen!
   Verlosung hier im Geschäft!
b. 1 Reise nach Brasilien zur einer Kaffeeplantage gewinnen!
   Teilnahmekarten hier
c. Cremiger Brotaufstrich jetzt mit Original-Streichmesser

2.2 Zielgruppe Handel: Salesfolder-Headlines
Schreiben Sie Salesfolder-Headlines zu den Themen Umsätze, Gewinn, Aktion, Werbemittel für folgende Produkte:

a. Erfrischender Umsatz für Ihr Geschäft
   Eiskalter Gewinn aus der Tiefkühltruhe
   Das lässt keinen kalt: zwei Packungen kaufen, Kühltasche geschenkt bekommen.
   Platzieren Sie diese coolen Werbemittel!
b. Florierender Umsatz für Ihr Geschäft
   Mit dieser Aktion wächst Ihr Gewinn!
   Das blüht Ihren Kunden: 1 Woche Andalusien zur Mandelblüte zu gewinnen.
   Starke Aktionsmittel für florierenden Abverkauf.
c. Ein Umsatzplus, das Ihnen schmecken wird!
   Eine Aktion, die Gewinn nach Ihrem Geschmack bringt!
   Leckere Gewinne für Ihre Kunden: Verlosung von zehn Feinschmecker-Wochenenden
   Mit diesen Aktionsmitteln kommen Ihre Kunden auf den Geschmack.

2.3 Zielgruppe Außendienst

Schreiben Sie Headlines für Außendienst-Motivationen:

a. Werden Sie die Nummer 1 und fahren Sie mit Ihrer Frau ein Wochenende nach Paris!
b. Das sind Sie uns wert: für je 1000 Euro Umsatz bekommen Sie Wertpapiere im Wert von 10 Euro!

2.4 Schreiben Sie prägnant

Machen Sie folgende Sätze prägnanter und auffordernder

a. Mitmachen und gewinnen! Eine Woche New York für zwei!
b. Riesenaktion! Riesenumsatz! Riesenandrang!
c. zwei Packungen Nudeln kaufen, eine Tüte Soßenfix Napoli mitnehmen

2.5 Machen Sie aus einem langen Satz zwei oder drei kurze

a. Die Aktionsplatzierung zieht der Aufmerksamkeit Ihre Kunden auf sich und sorgt für einen verstärkten Abverkauf, durch den Sie mehr Umsatz und einen interessanten Gewinn machen.
b. Wenn Sie diese Aktion so platzieren, dass sie die Aufmerksamkeit der Kunden auf sich zieht, können Sie mehr Umsatz machen und durch die Instore-Verlsoung, die einen interessanten Hauptgewinn bietet, bei Ihren Kunden an Sympathie gewinnen.
c. Nehmen Sie an unserem Gewinnspiel teil und gewinnen Sie eine Reise um die Welt, indem Sie unsere Preisfrage beantworten, die Teilnahmekarte ausfüllen und abschicken.

2.6 Schreiben Sie diesen Text bildhafter

Das schmeckt Ihren Kunden: Feinschmecker-Eiscreme in den Sorten Confiserie, Praliné und Innovation

Großer Geschmack, große Aktion: Raffinierte Nachtischrezepte für ein leckeres Umsatzplus.

Das ist ganz nach Ihrem Geschmack: Mehr Umsatz, mehr Gewinn, zufriedene Kunden.

2.7 Nutzen Sie die Wiederholung als Verstärkung

Heiß: unsere extrascharfe Grillsoße

Heißer: das heizt die Grillsaison extra scharf an

Noch heißer: extrascharfes Preisausschreiben für Ihre Kunden: zehn Reisen nach Lanzarote gewinnen.

Ganz heiß: extrascharfe Vorteile für Sie mit aufmerksamkeitsstarker Aktionsplatzierung – mehr Umsatz, mehr Gewinn.

2.8 Machen Sie aus Fragen Antworten oder Aufforderungen

a. Gewinnen Sie eine Weltreise!
b. Mit dieser Aktion machen Sie mehr Umsatz!
c. Mitmachen und gewinnen!

2.9 Aktiv: machen Sie aus passiven Sätze aktive

a. Starkes Gewinnspiel für mehr Abverkauf.
b. Die Palettenplatzierung, die den Umsatz nach oben bringt.
c. Anzeigen und Funkspots machen Ihre Kunden auf die Aktion in Ihrem Geschäft aufmerksam.

2.10 Machen Sie aus Hauptwortsätzen Verbsätze

a. Mit diesem attraktiven Gewinnspiel in Ihrem Geschäft schaffen Sie eine starke Kundenbindung.
b. Anzeigen und Funkspots bringen XY Millionen Kundenkontakte.
c. Hochwertige Zugaben – das bringt den Abverkauf nach oben.

3. Lösungsvorschläge für die Übung zum Kapitel „Außendienst“

3.1 Entwickeln Sie eine Außendienst-Motivation

- Aktionsmotto: Aus dem Herzen der Natur
- Key Visual: Kartoffel in Herzform
- Einladung: Persönliche Einladungskarte mit Aktionsmotto und Key-Visual.
- Außendiensttagung: mit Partnern. Ein Wochenende auf dem Bauernhof. Natürlich im Herbst zur Kartoffelernte.
- Location: Bio-Bauernhof mit Wellnessbereich und Feinschmeckerrestaurant
- Empfang auf dem Zimmer: Schriftliche Begrüßung, 1 Flasche Sekt und 2 Gläser. Außerdem: ein leerer Kartoffelsack. Was es damit auf sich hat, wird später verraten
- Partnerprogramm: Während die Außendienstler tagen, werden die Partnerinnen und Partner im Wellnessbereich verwöhnt

- Gemeinsames Programm:
  - Kartoffelernte. Gemeinsam dürfen die Partner in vorgegebener Zeit den Kartoffelsack vollmachen. Die selbst geernteten Bio-Kartoffeln dürfen sie mit nach Hause nehmen.
  - Bio-Brot backen: Gemeinsam wird Bio-Brot gebacken.
  - Am Abend gibt es ein Feinschmeckermenü nur aus Bio-Produkten
- Bonusprogramm:
  - Motto: Reiche Ernte für erfolgreiche Außendienstmitarbeiter
  - Für Umsatz gibt es Punkte, je mehr Punkte, desto höher die Prämie.
  - Prämien: goldene Kartoffeln –jede im Wert von 100 Euro.

4. Lösungsvorschläge zu den Übungen „Händler"

4.1 Ideen für Door-Opener

a. Produkt: Radler
   Door-Opener: Fahrradhelm mit Branding
   oder: Trinkflasche fürs Fahrrad (ohne Branding)
   oder: Sweatshirt mit Branding
b. Produkt: Gourmet-Fertigsoßen
   Door-Opener: Sauciere aus Edelstahl mit Soßenlöffel, beides mit dezentem Branding
   oder: Kochbuch mit raffinierten Soßenrezepten
   oder: 1 Profi-Sauteuse (spezieller Soßenkochtopf) ohne Branding
c. Produkt: Energy-Riegel
   Door-Opener: Autoatlas
   oder: Modellauto mit Branding

4.2 Ideen für einen Händler-Mitgewinn

a. Produkt: Hundefutter „Sportive"
   Händlermitgewinn: 1 Mountainbike
   oder: 1 Woche Wellness- und Sporthotel für 2
   oder: 1 Jahr Mitgliedschaft im Fitnessclub
b. Produkt: Single Malt Whiskey
   Motto: **1 Woche ins Schottische Hochland!**
   Key Visual: Schottisches Hochland und Whiskey
   Händler-Mitgewinn: Wochenende in Schottland mit Besuch der Whis-

keybrennerei
oder: Wochenendtrip nach Edinburgh für 2

c. Weichspüler mit Frühlingsduft
Händler-Mitgewinn: 1 Woche zur Mandelblüte nach Andalusien für 2
oder: ebenfalls Blütenpracht für Garten und Balkon

4.3 Ideen für ein Deko-Geschenke

Mit welchen Deko-Geschenken erfreuen Sie den Händler?

a. Mixgetränke-Aktion für Likör, Deko: Barhocker mit Branding
b. Fitnessaktion für Fitnessdrink, Deko: Fitnesstrainer Fahrrad
c. Urlaubsaktion für Schokoriegel, Deko: Strandkorb mit Branding

4.4 Ideen für Gewinnspiele am POS

Entwickeln Sie Gewinnspiele am POS mit Motto, Key-Visual (nur beschreiben) und Gewinn für folgende Produkte:

a. Katzenfutter „Gourmet“
Motto: **Für ihre kleinen Feinschmecker:** Gewinnen Sie einen exklusiven Kratzbaum!
Key Visual: Katze, die frisst, dahinter der Kratzbaum
Gewinn: Kratzbaum mit Branding

b. Kaffeepads „Espresso“
Motto: **Hier gewinnen: die kleine, schwarze Espressopads-Maschine! Mit Tassen!**
Key-Visual: Mann und Frau, die Espresso trinken, dazu die Maschine
Gewinne: Kaffeepad-Maschine mit Espressotassen

c. Fruchtsaft „Reine Frucht“
Motto: **Hier mitmachen, hier gewinnen: 1 Apfelbaum für Ihren Garten!**
Key Visual: Apfelbaum mit reifen Früchten, davor eine Familie, die den Fruchtsaft trinkt
Gewinn: 1 Apfelbaum mit Pflanzung und Anwachsgarantie (übernimmt die örtliche Baumschule)

4.5 Branding – Marke zeigen oder nicht

Bei welchen der folgenden Door-Opener beziehungsweise Gewinne würden Sie Marke zeigen?

a. mit Branding

b. mit Branding
c. ohne Branding
d. ohne Branding

5. Lösungsvorschläge zu den Übungen zum Kapitel „Salesfolder“

5.1 Texten Sie anschaulicher

a. Hot-Chili macht Ihrem Umsatz Feuer!
b. So wird Ihr Umsatz mit Gewinn aufgemischt!
c. Mit Schwung mehr Umsatz
   Bestnoten für den Regalstopper
   drei Display-Größen, drei Chancen für mehr Abverkauf
   Ihr Gewinn: höher, weiter, besser
d. Damit segeln Sie in die Gewinnzone
   oder
   Frischer Wind für Ihren Abverkauf
   oder
   Setzen Sie die Segel für mehr Umsatz!
e. Werbung in Zeitschriften und TV bringen Ihre Kunden auf den Geschmack!

5.2 Thema Umsatz und Gewinn

a. Diese Aktion bringt die Nachfrage ans Laufen!
b. Die richtige Mischung für mehr Umsatz!
c. Und Ihr Umsatz läuft und läuft und läuft …

5.3 Thema Kunden

a. Starke Werbung, die Kunden ins Geschäft bringt.
b. Da mischen Ihre Kunden gerne mit!
c. Darauf fahren Ihre Kunden ab!

5.4 Thema Umschlaggeschwindigkeit

a. Die Aktion für sportlich hohe Umschlaggeschwindigkeit
b. Der richtige Mix für Schnelldreher!
c. Instore-Verlosung für erfrischend hohe Nachfrage!

5.5 Thema Handling

a. Schnell rein, schnell raus, wenig Arbeit, viel Gewinn.
b. Attraktives Display fix und fertig für den Verkauf.
c. Produkt: Radler, Palettenplatzierung
Einfaches Handling – die komplette Aktion auf der Palette!

5.6 Thema Verkaufsförderungsmittel

a. Attraktiver Regalstopper schafft Kaufimpulse an der Regalplatzierung
b. Verkaufsaktive Palettenplatzierung mit hohem Aufmerksamkeitswert
c. Impulsstarkes Verkaufsdisplay mit geringem Platzbedarf

5.7 Strukturieren Sie einen Salesfolder

Ein Vierseiter:

Werbung Anzeigen TV Internet Auffor- derung - 4 -	Titelseite: Key Visual Motto - 1 -

Produkte Gewinn- spiel Händler- mitgewinn - 2 -	Platzierung Topschild Regalstopp. Dispenser Teilnahme- karte - 3 -

Oder ein Sechsseiter:

Einklapp- seite Werbung Anzeigen TV, Intern. - 5 -	Rückseite Händler- Mitgewinn Orderauf- forderung - 6 -	Titel Key Visual Motto - 1 -

1. Innenseite Produkt Produktvor- teile - 2 -	2. Innenseite Aktion Gewinn- spiel - 3 -	3. Innenseite Platzierung Topschild Regalstopper Dispenser Teilnahme- karte - 4 -

5.8. Jetzt geht's aufs Ganze

Ein Vierseiter:

Werbung Anzeigen Funkspots Internet Auffor- derung - 4 -	Titelseite: Key Visual Motto - 1 -

Produkte Kaffee- maschine für Händler - 2 -	Aktion Display Topschild Regal- stopper - 3 -

Seite 1:	
Headline:	**Neues für Ihr Power-Geschäft! Kaffeepads „Espresso“ mit Aroma-Power**
Seite 2:	
Headline:	**Neu: Kaffeepads „Espresso“ Aroma-Power mit feinem Schaum – das schmeckt Ihren Kunden.**
Abb.:	Packung, Espressotasse mit Kaffee, Key Visual aus der Werbung
Copy:	Kaffeepads sind auf dem Vormarsch. Der Markt wächst ständig. Laut Marktforschung wollen immer mehr Kaffeetrinker Kaffeepads auch als Espresso. Mit den neuen Kaffeepads Espresso sind Sie voll im Trend bei Ihren Kunden.
Abb.:	Pad-Maschine:
Text dazu:	**Probieraktion in Ihrem Geschäft: Ihre Kunden probieren kostenlos, die Kaffeepad-Maschine bleibt bei Ihnen.***
Fußnote:	*Bei Bestellung im Warenwert von XY Euro erhalten Sie eine Kaffeepad-Maschine, 100 Kaffeepads Espresso und 100 Einweg-Espressocups.
Seite 3:	
Headline:	**Am Doppelpack doppelt verdienen: zwei Packungen Kaffeepads „Espresso“ kaufen, eine Pad-Dose umsonst.**
Abb.:	Doppelpack mit Zugabe
Text dazu:	Starke Zugabenaktion für Mehrumsatz: Aroma-Power im Doppelpack jetzt mit Aromadose
Abb.:	Display
Text dazu:	Das schafft Kaufimpulse: Verkaufsaktives Display mit attraktiver Zugabe.
Abb.:	Regalstopper
Text dazu:	Aufmerksamkeitsstarker Regalstopper an der Regalplatzierung fordert zum Zugreifen auf.
Seite 4:	
Headline:	**Massive Werbepower bringt Kunden in Ihr Geschäft.**
Abb.:	Anzeigen in Publikumszeitschriften Mediaplan Anzeigenwerbung
Text dazu:	Mit Anzeigen in Publikumszeitschriften schaffen wir XY Kaufimpulse für Ihr Geschäft.
Abb.:	Mediaplan Funkwerbung
Text dazu:	Funkspots bringen XY Kontakte in der Zielgruppe der Espressotrinker

Abb.:	Homepage mit Aktion
Text dazu:	Auch im Internet machen wir auf die Aktion aufmerksam. Das bringt Kunden in Ihr Geschäft.
Abbinder:	**Verdienen Sie doppelt am Doppelpack.** Ordern Sie jetzt die Kaffeepads-Espresso-Aktion.

6. Lösungsvorschläge zu den Übungen zum Kapitel „Verbraucher"

6.1 Entwickeln Sie ein Gewinnspiel mit Motto, Gewinn und Gewinnspielmechanik.

a. Motto: Gewinnen Sie eine Reise nach England zu den schönsten Rasenflächen!
Gewinn: Reise nach England, Besichtigung legendärer Parks
Mechanik: Multiple Choice auf die Frage: Wie viele Schnitthöhen hat der neue Rasenmäher XY?

b. Motto: Abenteuer mit Sponge Bob!
Gewinne: Kinokarten zum neuesten Sponge-Bob-Film und Sponge-Bob-T-Shirts mit Kaugummi-Branding
Mechanik: Suchbild – wo ist der Sponge Bob versteckt?

c. Motto: Fitness am Vormittag – Mother's Special Training!
Gewinne: 1 Jahresmitgliedschaft für Fitness am Vormittag, 11 Monatsmitgliedschaften für Fitness am Vormittag, 111 T-Shirts mit Aufdruck „Mother's Special Training" und Branding
Mechanik: Lösungswort „Fitness am Vormittag" vervollständigen

6.2 Nutzen Sie den Spieltrieb: entwickeln Sie Gewinnspielmechaniken nach bekannten Spielen:

a. Spielmechanik: Bingo
Auf jeder Packung Bingozahlen (und natürlich auch im Internet).
Bingo-Spielkarten im Handel und im Internet bestellen
Wer Karte voll hat, schickt sie ein und kann gewinnen.

b. Spielmechanik: Kreuzworträtsel
Teilnahmekarte mit Kreuzworträtsel

c. Spielmechanik: Original und Fälschung
   Der neue Rasierer im Original und mit sechs Fehlern.
   Fehler finden, einkreisen, Teilnahmekarte abschicken.

6.3 Entwickeln Sie Gewinnspiele passend zur Zielgruppe:

a. Mechanik: Mein schönster Wellnessmoment. Aufschreiben, wann man sich am wohlsten fühlt.
   Gewinn: 1 Woche Wellnessurlaub, 11 Wellnessbademäntel
b. Mechanik: Malen nach Zahlen: Zahlen verbinden, sodass sich ein Bild ergibt, in diesem Fall die Mickey Mouse
   Gewinn: 1 Reise nach Euro-Disney
c. Mechanik: Ankreuzen, was alles zu einem guten Brunch gehört
   Preis: 3 x Sonntagsbrunch für zehn Personen

6.4 Entwickeln Sie Gewinnspiele zu saisonalen Anlässen, Highlights und Events:

a. Motto: Fußball-EM 2008: Bei jedem Spiel dabei – mit Cola-Bier!
   Mechanik: Tippen & gewinnen. Die Aktion läuft während der gesamten EM. Es können aktuell per Telefon Tipps für die jeweiligen Spiele abgegeben werden. Unter den richtigen Tipps werden Tagessieger ausgelost.
   Preise: 1. Preis: Reise nach Südafrika zur Fußball-WM 2010. Weitere Preise: Fußbälle von der deutschen Nationalmannschaft signiert.
b. Motto: Sind Sie der Lavendel-Typ?
   Mechanik: Per Multiple-Choice Typenfragen beantworten.
   Preis: 1 Reise für vier Freundinnen in die Provence, wenn der Lavendel blüht.
c. Motto: It’s Tea-Time in Glyndebourne![1]
   Mechanik: Very british: Fragen über die englische Lebensart per Multiple Choice beantworten.
   Preise: 1 Reise zum Glyndebourne-Festival, 33 Picknick-Körbe

---

1. Traditionelles jährliches Opernfestival im südenglischen Glyndebourne mit Picknick auf dem Rasen.

6.5 Texten Sie Teilnahmekarten für folgende Aktionen (Headline, Gewinnspielmechanik, Preisauslobung):

a. Headline:
Gewinnen Sie einen Cluburlaub für die ganze Familie!
Gewinnspielmechanik:
Und so einfach können Sie gewinnen: auf jeder Packung unserer Brotbackmischungen finden Sie einen Gewinncoupon mit einer Getreidesorte. Diese ausschneiden und zur richtigen Brotbackmischung auf der Teilnahmekarte kleben. Mit allen vier Getreidesorten nehmen Sie an der Verlosung teil.
1. Preis: 1 Woche Cluburlaub für die ganze Familie im Robinson-Club Fleesensee.

b. Headline:
Wintertime - Partytime! Eiskalt gewinnen und mit der ganzen Clique cool abfahren!
Gewinnspielmechanik:
Keep cool und finde das Lösungswort im Rezeptheft mit den eiskalten Cocktail- und Dessert-Ideen. Die richtigen Silben erkennst du an der eisblauen Schrift! Richtig zusammengefügt ergeben sie das eiskalte Lösungswort. Hier eintragen, Coupon abschicken und gewinnen!
1. Preis: Cool abfahren mit deinen Freunden (maximal zehn Personen) nach Finnland ins Ice-Hotel zur ultimativen Ice-Party!

6.6 Entwickeln Sie Wettbewerbe mit Motto, Mechanik und Preisen:

a. Motto: **Wer kocht den leckersten Familieneintopf?**
Mechanik: Kochwettbewerb. Rezept einschicken, die zehn besten Rezepte werden live im Küchenstudio von den Einsendern gekocht und von einer Jury bewertet.
1. Preis: 1 Einbauküche im Wert von 10.000 Euro!
Trostpreise für jeden Teilnehmer: 1 Schürze mit Branding und Spruch: **Besser Eintopf als kein Topf!**

b. Motto: **Mach den dicksten Bubble und gewinn das schärfste Handy!**
Mechanik: Bubbles machen, mit dem Handy fotografieren und direkt senden an …….. Oder mit der Digitalkamera fotografieren und per E-Mail abschicken.

Preise: 3 Super-Handys mit dickem Guthaben
Trostpreise: Für jeden Teilnehmer Stirnband mit Branding

c. Motto: **Mit Poesie gewinnen!**
Mechanik: Liebesgedichte schreiben und einschicken. Das schönste Gedicht gewinnt.
1. Preis: 1 Einkaufsgutschein über 500 Euro, einzulösen bei H & M
11mal je 1 Einkaufsgutschein über 50 Euro, einzulösen bei H & M
Trostpreise: Je ein T-Shirt mit dem eigenen Gedicht

7. Lösungsvorschlägen zu den Übungen zum Kapitel „Zugaben“

7.1 Entwickeln Sie Zugaben zu folgenden Produkten:

a. Peeling-Schwamm
b. Stirnband mit Branding
c. Tropffänger

7.2 Entwickeln Sie Zugaben mit Themen aus Events, Trends und Highlights:

a. Fußballbilder Bundesliga
b. Mini-CD mit Trailern beliebter TV-Serien wie *Gilmore Girls*
c. DTM-Modelle zum Sammeln

7.3 Machen Sie die Probe zur Zugabe:

a. Einmalrasierer Lasy-Shave
b. Kirschlikör mit Cocktailrezept
c. 1 kleines Täfelchen Schokolade

7.4 Texten Sie den Zugaben-Sticker:

a. Echt cool! Jetzt mit den Hits aus der Werbung!
b. Mitnehmen & sammeln! Zu jeder Sorte das passende Glas!
c. Jetzt mit Bundesligaplaner. Für Männer, die wissen wollen, wo die Tore fallen.

7.5 Entwickeln Sie Self-Liquidating Offers:

a. Backbrett mit Teigrolle
b. Sekt-Korken-Zange
c. Saunatuch mit dezentem Branding

8. Lösungsvorschläge zu den Übungen zum Kapitel „Koop-Aktionen"

8.1 Welche Koop-Partner passen zu:

a. Fitnessdrink: Koop-Partner Sportbekleidungshersteller
b. Hautpflegeserie für junge Mädchen: Koop-Partner Handy, Mobilfunkanbieter
c. Örtliches Küchenstudio Koop-Partner örtliches Reisebüro

8.2 Was können folgende Koop-Partner für das Produkt tun:

a. Hauptgewinn für Preisausschreiben: 1 Trekking-Rad, Veranstaltung in der Disco
b. mit jedem Jeanskauf ein freier Eintritt, außerdem werden in der Disco T-Shirts mit Branding vom Jeansshop verlost
c. Zugabeaktion: kostenloses Probe-Abo Kicker für 4 Wochen

8.3 Finden Sie Koop-Partner und Zusatznutzen passend zu Produkt und Event:

a. Koop-Partner: Veranstalter von Musical-Reisen
Zusatznutzen: Gewinnspiel
1. Preis: Wochenende in Hamburg mit Besuch der Premiere
b. Koop-Partner: Volksbank
Zusatznutzen: Gewinnspiel
1. Preis: 500 Euro Sparguthaben
c. Koop-Partner: Die Bahn
Zusatznutzen: Gewinnspiel
Preise: Zugkarten nach Berlin

9. Lösungsvorschläge zu den Übungen zum Kapitel „POS"

9.1 Texten Sie einen Regalstopper:

a. Soßenfix jetzt 3 zum Preis von 2!
b. Jetzt mit Treuepunkten auf jeder Packung. Punkte sammeln und exklusiven Designer-Kakaobecher bekommen!
c. Test ohne Risiko. Geld-zurück-Garantie bei Nichtgefallen!

9.2 Texten Sie ein Topschild

a. Jetzt mit Gratis-*Kicker*-Abo.
   4 Wochen kostenlos *Kicker* lesen.
b. Jetzt an jeder Flasche ein Original Alessi Flaschenverschluss gratis!
c. Gewinnen Sie eine Reise nach Wien!
   Teilnahmekarten hier.

9.3 Texten Sie die Aktionsmittel folgender Aktion

Produkt: Weichspüler mit dem Duft nach frischer Seeluft
Gewinnspielmechanik: Wonach duftet der neue Weichspüler?
Preise: 3 Reisen nach Holland, 33 flauschige Bademäntel, 333 flauschige Badetücher
Topschild: **Meeresbrise-Gewinnspiel!**
3 Reisen nach Holland, 33 flauschige Bademäntel und 333 flauschige Badetücher zu gewinnen! Teilnahmekarten hier!
Palettenschürze: **Meeresbrise-Gewinnspiel!**
3 Reisen nach Holland, 33 flauschige Bademäntel und 333 flauschige Badetücher zu gewinnen! Teilnahmekarten hier!
Regalstopper: **Meeresbrise-Gewinnspiel!**
3 Reisen nach Holland, 33 Bademäntel, 333 Badetücher zu gewinnen!

10. Lösungsvorschläge zu den Übungen zum Kapitel „Internet“

10.1 Entwickeln Sie eine Spielidee im Internet für:

a. Backmischung
   Tortenschießen: Schöne Sahnetorten müssen auf Gesichter geschossen werden.
b. Fitnessdrink
   Übungen auf einem Fitnessparcours machen. Wer eine Übung besonders gut beziehungsweise schnell macht, bekommt einen Fitnessdrink und dann die doppelte Punktzahl.
c. Kaugummi für große Bubbles
   Wer macht die größten Bubbles? Geschicklichkeitsspiel, bei dem es Luft

zu gewinnen gibt, mit der man die Bubbles aufblasen kann. Doch Vorsicht! Bei zu viel Luft platzen die Bubbles.

10.2 Entwickeln Sie ein Gewinnspiel im Internet für:

a. Apfelsaftschorle
Motto: **Es gibt nur eine Original Apfelsaftschorle!**
Mechanik: Original und Fälschung. Links Originalflasche, rechts Flasche mit 5 Fehlern. Fehler finden & gewinnen. Teilnahme per E-Mail.
Preise: 333 Gesellschaftsspiele „Original & Fälschung"

b. Kochtopfserie
Motto: **Deftig & lecker: Die besten Eintopfrezepte gewinnen!**
Mechanik: Rezeptwettbewerb. Eintopfrezept per E-Mail einschicken.
Preise: 1 Preis: Kochtopfserie im Wert von 999 Euro
2. – 100. Preis: je ein Eintopf-Topf
Für alle Teilnehmer: Kochbuch mit den besten 100 Eintopfrezepten des Wettbewerbs.

c. Ketchup
Motto: **Auf die Hamburger, fertig, los!**
Mechanik: Geschicklichkeitsspiel, in einem bestimmten Zeitraum Ketchup auf möglichst viele Hamburger verteilen. Achtung: langsame Spieler verlieren ihre Hamburger an den kleinen roten Hamburgerfresser!
Preise: Koop-Aktion mit Burger King. 9 Burger-King-Gutscheine à 90 Euro, 99-Burger King-Gutscheine à 9 Euro.

11. Lösungsvorschläge zu den Übungen „Verkaufsförderungsanzeigen"

11.1 Schreiben Sie Headlines für Verkaufsförderungsanzeigen

a. Werden Sie Espresso-Fan! Jetzt kostenlose Proben Espressopads bestellen!
b. Girl – junge Pflege für junge Haut verlost 10 junge Girl-Handys!
c. Jetzt Vino Cocktailgläser bestellen und die Party kann steigen!

11.2 Schreiben Sie Hinweise auf den Handel

a. Sammelpunkte auf den Packungen im Handel
b. Teilnahmekarten im Handel oder bei www.hersteller.de

c. Jetzt im Handel an jeder Flasche ein Rezeptheft. Oder bestellen bei www.hersteller.de
d. Jetzt kostenlose Proben im Handel oder bestellen bei www.hersteller.de

11.3 Entwickeln Sie Anzeigen mit Mechanik, Headline, Beschreibung des Key-Visuals und Hinweis auf den Handel für:

a. Apfelsaftschorle
Key Visual: wandernde Familie, man trinkt Apfelsaftschorle, im Hintergrund Natur, Berge, Wald
Headline: **Entdecken Sie die schönsten Wandergebiete Deutschlands!**
Mechanik: Zugabeaktion im Handel, zu jedem Kasten Apfelsaftschorle ein Heft mit Beschreibung eines Wandergebiets und Wanderkarte.
Hinweis auf den Handel: Jetzt zu jedem Kasten Apfelsaftschorle ein Heft mit einem Wandergebiet und Wanderkarte!

b. Ketchup
Key Visual: Party, junge Leute, man isst Hot Dogs, Hamburger, Chicken Wings und verteilt großzügig Ketchup
Headline: **Partytime – Ketchuptime! 5 ultimative Partys zu gewinnen!**
Mechanik: Preisausschreiben. Wie viele Flaschen Ketchup sind auf dieser Anzeige? Coupon ausfüllen und abschicken.
Hinweis auf den Handel: Jetzt im Handel: Party-Snack-Rezepte an jeder Flasche.

c. Männerpflegeserie
Key Visual: Mann, der sich pflegt, Key Visual aus der klassischen Kampagne, Flash mit Zeitschrift *Kicker*
Headline: **Jetzt 4 Wochen Gratis-Probe-Abo** *Kicker* **bestellen!**
Mechanik: Koop-Aktion mit *Kicker*, Zugabe Probe-Abo
Hinweis auf Handel: Bestellcoupons an jeder Packung oder direkt im Internet unter www.bodygard.de

12. Lösungsvorschläge zu den Übungen „Aktionen“

12.1 Entwickeln Sie eine Aktion für eine Apotheke

Motto: **Sammeln Sie Treue-Herzen!**

Mechanik: Bei jedem Einkauf – ob mit oder ohne Rezept – gibt es für einen Warenwert von 10 Euro ein Treue-Herz. Auf einem Regal in der Apotheke stehen Artikel, die man für die Treue-Herzen bekommen kann. Das geht von einem Päckchen Drops für 1 Herz bis zum Blutdruckgerät für 100 Herzen. Mit neuen, attraktiven Prämien wird die Treueaktion immer wieder aktiviert.

12.2 Entwickeln Sie einen Aktionsplan für ein Restaurant
Jeder Wochentag bekommt ein besonderes Mittags-Motto und einen Zusatznutzen:
Montag ist Pasta-Tag. Zu jedem Teller Nudeln ein Beilagensalat kostenlos.
Dienstag Schnitzel für zwei. Zwei Schnitzel zum Preis von einem. Die zweite Person muss nur die Beilagen extra bezahlen.
Mittwoch Eintopf satt. Wechselnde Eintopfgerichte mit Nachschlag, so viel man will.
Donnerstag: Büfett all you can eat!
Freitag: Fisch muss schwimmen. Zu jedem Fischgericht ein alkoholfreies Getränk nach Wahl.

12.3 Entwickeln Sie Aktionsideen für

a. Handwerksbetrieb: Installateur
   Mailing-Aktion: **Machen Sie Ihre Heizung winterfit!**
   Anschreiben an vorhandene Kunden und Hausbesitzer
   Angebot: Heizungscheck
   Zusatznutzen: Heizungscheck zum Festpreis
b. Landwirtschaftlicher Betrieb: Erdbeerhof
   Muttertagsaktion: **Für jede Mutter 100 g Erdbeeren geschenkt!**
   Aktionszeitraum: Samstag vor Muttertag
c. Buchhandlung
   Geburtstagslisten-Aktion: **Hier werden Lesewünsche wahr!**
   Wer Geburtstag hat, kann eine Bücherliste in der Buchhandlung hinterlegen, damit Freunde und Verwandte dort ihre Geburtstagsgeschenke aussuchen können.

13 Lösungsvorschläge zu den Übungen „Wettbewerbsrecht“

13.1 Machen Sie diese Instore-Verlosung juristisch einwandfrei
Jubiläumsaktion im Möbelhaus.

In allen Werbemitteln – Anzeigen, Handzetteln, Plakaten – steht der Text: **Teilnahmekarten im Möbelhaus und im Internet unter www.möbelhaus.de**

13.2 Machen Sie diese Aktion juristisch einwandfrei

Aktion für Fitnessriegel in fünf Geschmacksrichtungen
Text auf Teilnahmekarte:
Schicken Sie uns drei Originalschriftzüge Ihres Lieblings-Fitnessriegels und gewinnen Sie ein Mountainbike! **Sollten Sie gerade keine Packungen zur Hand haben, dann schreiben Sie einfach auf eine Postkarte den Namen Ihres Lieblings-Fitnessriegels.**

13.3 Texten Sie Teilnahmebedingungen

a. **Preisausschreiben:**
Teilnahmebedingungen: Teilnehmen kann jeder außer den Mitarbeitern des Unternehmens XY. Gehen mehr als 999 richtige Lösungen ein, entscheidet das Los. Die Gewinner werden schriftlich benachrichtigt. Der Rechtsweg ist ausgeschlossen. Teilnahmeschluss ist der XY.XY.07.

b. **Rezept-Wettbewerb**:
Teilnahmebedingungen: Teilnehmen kann jeder außer den Mitarbeitern des Unternehmens XY. Unter allen eingeschickten Rezepten wählt eine Jury von Kochexperten die besten zehn aus. Die Gewinner werden zum Kochwettbewerb nach Baden-Baden eingeladen – inklusive Anfahrt, Übernachtung und Essen. Die Gewinner werden schriftlich benachrichtigt. Der Rechtsweg ist ausgeschlossen. Einsendeschluss für die Rezepte ist der XY.XY.07.

c. **Telefonaktion, drei Monate lang jede Woche eine Wochenverlosung, nach drei Monaten große Endverlosung eines Autos:**
Teilnahmebedingungen: Teilnehmen kann jeder über 18 Jahre außer den Mitarbeitern der beteiligten Unternehmen. Teilnahmeschluss ist jeweils Freitag, 24.00 Uhr. Teilgenommen wird per Telefon (0,62 Euro/Min. aus dem deutschen Festnetz). Teilnahmeschluss für die Endverlosung am 31.12.07 ist der 30.12.07, 24.00 Uhr. Die Gewinner werden schriftlich benachrichtigt. Der Rechtsweg ist ausgeschlossen.

Danksagung

Zum guten Schluss mein Dank an alle, die mich bei meinem Buch unterstützt haben. Uschi Minkenberg-Adam für die Hilfe am Computer und die Geduld, wenn dieser mal wieder abgestürzt ist. Renate Bottler für das kritische Korrekturlesen und die hilfreichen Anmerkungen. Mein ganz besonderer Dank gilt allen Unternehmen und Werbeagenturen, die sich zum Teil viel Arbeit gemacht haben, mir Material zur Verfügung zu stellen. Ohne die zahlreichen aktuellen Aktionen und Verkaufsförderungsmittel hätte ich dieses Buch gar nicht schreiben können. Hier danke ich ganz besonders Angela Schifano und Hermann Ufer von Ufer & Cie., Frankfurt, Katrin Schmidt, Jutta Wagner und Udo Köbler von Ad & Vision, Dreieich, Christiane Loehr, Nicole Röcker und Oliver Goller von Marketing Vision, Wetzlar, Michael Wenk von First B2B, Hanau, Uwe Michel und Jens Hedtke von Impuls, Bechtolsheim sowie Maria Kaempfe und Peter Volk von Volk Marketing, Neu Isenburg. Und hier alphabetisch Dankeschön an alle Unternehmen, deren Arbeitsbeispiele ich hier veröffentlichen konnte:

Alfred Schladerer GmbH
Allgäuer Alpenmilch
Diamant Gelierzauber
Eckes
Ford AHG München
Freixenet
Gutfried
Hassia Mineralquellen
Jägermeister
Jules Mumm
Knorr
Leica
Lohrengel
Milka
Renault
Siemens VDO Automotive AG

Verpoorten
Weingut Leander Hilgert
Wein- + Sektgut Holz-Weissbrodt

Abbildungsnachweis

Abb. 1: mit freundlicher Genehmigung von Allgäuer Alpenmilch
Abb. 2: mit freundlicher Genehmigung von Hassia Mineralquellen
Abb. 3: mit freundlicher Genehmigung von Leica
Abb. 4: mit freundlicher Genehmigung von Hassia Mineralquellen
Abb. 5-10: mit freundlicher Genehmigung von Hassia Mineralquellen
Abb. 11-13: mit freundlicher Genehmigung von Gutfried
Abb. 14-15: mit freundlicher Genehmigung von Alfred Schladerer GmbH
Abb. 16-17: mit freundlicher Genehmigung von Hassia Mineralquellen
Abb. 18-19: mit freundlicher Genehmigung von Allgäuer Alpenmilch
Abb. 20-24: mit freundlicher Genehmigung von Gutfried
Abb. 25-27: mit freundlicher Genehmigung von Leica
Abb. 28-31: mit freundlicher Genehmigung von Siemens VDO Automotive AG
Abb. 32-36: mit freundlicher Genehmigung von Eckes Edelkirsch
Abb. 37: mit freundlicher Genehmigung von Alfred Schladerer GmbH
Abb. 38-40: mit freundlicher Genehmigung von Gutfried
Abb. 41-43: mit freundlicher Genehmigung von Kraft Foods
Abb. 44-51: mit freundlicher Genehmigung von Jules Mumm
Abb. 52-53: mit freundlicher Genehmigung von Verpoorten
Abb. 54-60: mit freundlicher Genehmigung von Gutfried
Abb. 61-64: mit freundlicher Genehmigung von Freixenet
Abb. 65-68: mit freundlicher Genehmigung von Lohrengel
Abb. 69: mit freundlicher Genehmigung von Gutfried
Abb. 70: mit freundlicher Genehmigung von Hassia Mineralquellen
Abb. 71: mit freundlicher Genehmigung von Allgäuer Alpenmilch
Abb. 72: mit freundlicher Genehmigung von Alfred Schladerer GmbH
Abb. 73: mit freundlicher Genehmigung von Gutfried
Abb. 74: mit freundlicher Genehmigung von Hassia Mineralquellen
Abb. 75-78: mit freundlicher Genehmigung von Kraft Foods
Abb. 79-82: mit freundlicher Genehmigung von Jägermeister
Abb. 83-84: mit freundlicher Genehmigung von Knorr
Abb. 85-86: mit freundlicher Genehmigung von Kraft Foods

Abb. 87: mit freundlicher Genehmigung von Renault
Abb. 88-89: mit freundlicher Genehmigung von Diamant Gelierzauber
Abb. 90: mit freundlicher Genehmigung von Jägermeister
Abb. 91: mit freundlicher Genehmigung von Knorr
Abb. 92-94: mit freundlicher Genehmigung von Ford AHG München
Abb. 95-100: mit freundlicher Genehmigung von Volk Marketing
Abb. 101-107: mit freundlicher Genehmigung von Impuls Die Werbeagentur GmbH

Stichwortverzeichnis

Fachwissen leicht gemacht